百森商学院教授创业学经典丛书
Babson Faculty Series on Entrepreneurship

创新的科学与文化

一段苏格拉底式的旅行

The Discipline &
Culture of Innovation
A Socratic Journey

〔美〕杰·饶（Jay Rao） 〔西〕弗兰·川（Fran Chuán） 著
林涛 孙建国 译

著作权合同登记号 图字：01-2017-3235
图书在版编目（CIP）数据

创新的科学与文化：一段苏格拉底式的旅行 /（美）杰·饶（Jay Rao），（西）弗兰·川（Fran Chuán）著；林涛，孙建国译. —北京：北京大学出版社，2017.9
（百森商学院教授创业学经典丛书）
ISBN 978-7-301-28416-2

Ⅰ.①创… Ⅱ.①杰…②弗…③林…④孙… Ⅲ.①创新管理—研究 Ⅳ.①F270

中国版本图书馆 CIP 数据核字（2017）第 121440 号

书　　　名	创新的科学与文化：一段苏格拉底式的旅行 CHUANGXIN DE KEXUE YU WENHUA：YIDUAN SUGELADISHI DE LÜXING	
著作责任者	〔美〕杰·饶（Jay Rao）〔西〕弗兰·川（Fran Chuán）著 林　涛　孙建国 译	
策划编辑	叶　楠	
责任编辑	任京雪　刘　京	
标准书号	ISBN 978-7-301-28416-2	
出版发行	北京大学出版社	
地　　　址	北京市海淀区成府路 205 号　100871	
网　　　址	http://www.pup.cn　　新浪微博：@ 北京大学出版社	
电子信箱	em@pup.cn　QQ：552063295	
电　　　话	邮购部 62752015　发行部 62750672　编辑部 62752926	
印　刷　者	北京中科印刷有限公司	
经　销　者	新华书店	
	880 毫米 ×1230 毫米　A5　5.625 印张　112 千字 2017 年 9 月第 1 版　2017 年 9 月第 1 次印刷	
定　　　价	32.00 元	

未经许可，不得以任何方式复制或抄袭本书之部分或全部内容。
版权所有，侵权必究
举报电话：010-62752024　电子信箱：fd@pup.pku.edu.cn
图书如有印装质量问题，请与出版部联系，电话：010-62756370

本丛书由美国百森商学院、厦门大学 MBA 教育中心和
北京大学出版社联合推出
支持中国的创业创新实践和创业教育实践

These series are brought to you by the collaboration of Babson College, MBA Education Center of Xiamen University and Peking University Press, in support of the practice of Chinese Entrepreneurship and Chinese Entrepreneurship Education

百森商学院教授创业学经典丛书
编委会

Candida Brush　百森商学院
John Chen　百森商学院
沈艺峰　厦门大学
吴文华　厦门大学
郭　霖　厦门大学
王明舟　北京大学出版社
林君秀　北京大学出版社

Preface

At Babson College, we educate entrepreneurial leaders who create great social and economic value everywhere.

Babson founded the academic discipline of entrepreneurship; we invented the methodology of Entrepreneurial Thought & Action®; and we redefined entrepreneurship to embrace Entrepreneurs of All Kinds™. We believe that entrepreneurship is a mindset, a way of looking at the world, and that it can be applied in any context, from corporations to startups to NGOs.

Through this book series, we are excited to share key lessons from renowned Babson faculty members with readers around the world. Our Babson faculty members are global leaders in entrepreneurship education. Their unmatched insights into business and entrepreneurship ensure that Babson remains a pioneer in entrepreneurship education and on the leading edge of research and pedagogy.

As we approach our Centennial in 2019, we are focused on preparing entrepreneurs to lead in a new way, creating social and economic value simultaneously, and, in doing so, transforming lives, businesses, and communities for the better. By offering a transformative experience, fostering intentional diversity and preparing graduates to apply Entrepreneurial Thought & Action® in all settings, our graduates are ready to lead and make a difference in our rapidly changing world.

At 40,000 and growing, Babson's global network of alumni and friends is poised to tackle big challenges – climate change, youth unemployment, global poverty – with entrepreneurial energy and Babson spirit; creating jobs, strengthening communities and generating social and economic value that goes beyond personal gain and extends to families, employers and society as a whole.

At Babson, we understand that entrepreneurship is the most powerful force for creating positive change in the world. Now, building on nearly 100 years of leadership in entrepreneurship education, we are striving to bring Entrepreneurial Thought & Action® to everyone on the planet.

This is an exciting time for Babson as we build on our successes and continue into a second century of innovation and leadership. Thank you for being part of this journey.

Sincerely,
Kerry Healey
President
Babson College

丛书序

在百森商学院，我们为创业领袖们提供创业教育。他们无处不在，创造了巨大的社会和经济价值。

百森商学院创立了创业学学科；发明了《创业思维与行动》®的方法论；重新将创业学定义为包含"一切创业行为"®的学科。我们确信，创业学教的是一种心态、一种观察世界的方法，无论是大公司还是初创企业和非营利组织，创业学在任何场景下均适用。

通过这套丛书，我们非常欣喜能够将百森商学院著名教授团队的重要心得与世界各地的读者分享。百森商学院教授团队的成员均为全球创业教育领域的翘楚。他们对商业和创业无与伦比的洞察力使百森商学院在创业教育上一直保持先驱者的地位，同时在研究和教学方法上也具有领先优势。

2019年，百森商学院将要迎来百年校庆。我们一直专注于帮助创业者做好准备，使他们能够以一种新的方式引领世界，并创造社会和经济价值；在这个过程中，也让自己的生活、事业和社区变得更加美好。通过提供此类变革性的经验，有意识地培养多样性，让毕业生们做好准备，能够将《创业思维与行动》®应用到各行各业，从而在这个快速多变的世界发挥领导作用，产生不同的凡响。

百森商学院在全球的校友和朋友已经超过40,000名，而且人数还在不断增长，他们已经准备好用创业的正能量和百森商学院精神去迎接巨大的挑战，如气候变化、青年失业、世界贫困等；通过创造新的就业机会，强化社区的功能，将社会和经济价值的创造从个人利益延伸到作为一个整体的家庭、同事和社会里。

在百森商学院，我们知道创业学是促使这个世界产生积极变化的最强有力的力量。现在，以近一百年的创业教育领导地位为基础，我们正努力将《创业思维与行动》®带给这个世界上的每一位公民。

百森商学院将立足曾经的辉煌，迈入充满创新和领导力精神的另一个世纪！这是一个多么令人激动的时代！感谢你们成为这一伟大进程中的一员！

克里·希利（Kerry Healey）

百森商学院校长

致 谢

我谨将本书献给我的妻子 Clemencia、我们的孩子 Maya 和 Paloma。他们毫无怨言地忍受了我因教学和访谈工作而进行的频繁的、长时间的出差。没有他们的爱和所做出的重大牺牲，本书不可能完成。同时，我也深深地感谢我的父母、姐妹和我的大家庭，他们总是对我和我所从事的工作给予积极的鼓励和不懈的支持，给予我爱和坚定的信念！

杰·饶

于波士顿

自信和与他人的交流促使我们探索新的世界、寻求新的机会。对于我的妻子Anna，我只有感谢！作为一个创业者和创新者，我会不断地遇到各种挑战，也总会因此而困扰到她，感谢她给予我的耐心。呈现在您面前的这本书经历了无数次的修改方始成型，我要再次感谢Anna的耐心和她所做出的难以估量的奉献！

弗兰·川
于巴塞罗那

序

"创新"一词正当时髦。每个人都在谈创新,它甚至已经成为我们解决各种社会问题和经济问题的灵丹妙药。

为了使我们的社会和生产系统具有长久的创新性,人们进行了大量的尝试:设立创新部门,启动对研发和创新的财政资助项目,组织活动和论坛以交流思想。我们甚至希望通过比对,发现成功企业的某些特征来加以模仿。

然而,多数情况下结果是出人意料的。尽管投入了大量的资源,却未能实现预期的转变。我相信在多数的案例中,主要的问题在于我们并不清楚"创新"这个词语的真实含义:有些人认为创新就是研发,有些人认为创新就是彻底的改变或是组织架构的重建,而更多的人则是天天忙于事务性工作以至于根本没有时间思考这一问题。

本书中,我们试图通过一种比较轻松的方式,提供一些线索来帮助大家更为准确地定义"**创新**",同时澄清创新不是过程而是一种成果,这一成果会将创新转化为新的产品、服务、商业机会和市场,等等。

所有的组织都有一个创新部门或类似的机构,但就我的职业经验来看,不同公司所实现的效果是不同的,而我发现"**创新 = 成果**"这一等式是造成创新型公司和非创新型公司之间存在差异的根源。

创新型公司聚焦于预期成果,并为此投入资源进行创新、开发实现目标所必要的工具,从不拐弯抹角。它们行动、实践、失败,但有的时候也会取得成功。统计数据表明,超过 90% 的创新以失败而告终,但这同时也说明成功的百分比仍旧相当显著。别忘了当我们在开发一种创新型产品、服务或事业的时候,我们的竞争优势将因此变得更为有利,这是其他既有管理工具所无法比拟的。这值得吗?我相信,值!

我希望你和我一样享受这本书:"苏格拉底式"的导师迈克和富有天分的学生约翰之间的对话和一系列写在餐巾纸上的公式、图表。一旦你开始阅读,或多或少,你就已经开启了创新的旅行……我们都不知道这趟旅行将把我们带到什么地方，但终会有所启发、有所收获……

阿古斯丁·德尔加多·马丁

Iberdrola 公司[1]创新主管

附：我极其享受冒险，但我总会事先做好准备。

---

[1] 译者注：Iberdrola 公司是位于西班牙北部的一家电力公司，在水力发电，尤其是中小型水力发电领域具有丰富的管理和运营经验。该公司在 2013 年《财富》500 强公司排名中位列第 234 位。

目 录

I　前　言

001　第1章　渴望变革
011　第2章　创新与你想的不同
035　第3章　创新学科
057　第4章　创新实践与创新动力学
081　第5章　创新文化
111　第6章　开始旅行

前　言

创新，已经成为我们这个时代流行的商业词汇。公司在广告和年度报告中宣称"创新就是我们的一切"。首席执行官（CEO，chief executive officer）们劝诫他们的员工要"更富创新性"。"有五种特别的颜色可供挑选！"之类少得可怜的产品改变也被视为创新向外兜售。有越来越多的组织设置了首席创新官（CIO，chief innovation officer）职位。

尽管这个术语已被广泛使用甚或滥用，却少有公司能够表现出连续的、有实质意义的创新能力。除此之外，**创新**更像是一个口号或愿望，而不是一种可以带来可靠成果的实践活动。多数员工对此有清醒的认识；他们试图将这种炒作与现实区别开来。

创新这个词已经被滥用到令人讨厌的程度，我们为什么还要将创新等同于机会或好运？为什么还要将创新与发明和研发混淆在一起？由于过度依赖创意软件（idea generation software）或者过早地使用严格的门径管理流程（stage-gate processes）[1]，导致了即使是那些致力于创新的组织所能够取得的成果也相当有限。事实上，正如前创新专家 Bruce Nussbaum 在 2008 年 12 月 31 日出版的《**商业周刊**》(*Business Week*) 上所写的：

"创新死于 2008 年，死于被公众滥用、错用、狭隘理解，停步于小修小补而无法进一步发展；是被那些将创新概念退化或贬值为变化、技术、设计、全球化、时尚和任何'新'东西的 CEO、咨询师、卖家、广告商和商业记者扼杀了；是在一个不可预测的世界中，被对计量、指标、公式和对结果可预测性的过分苛求扼杀了。"

四年的时间过去了，滥用和误用的情况依旧普遍存在。

---

[1]　译者注：门径管理是由 Robert G. Cooper 于 20 世纪 80 年代创立的一种新产品开发流程管理技术，被广泛应用于美国、日本和欧洲的企业指导新产品开发。门径管理流程是一个运作的路线图，指导一个新产品从创意的产生到产品上市的全过程，它允许组织利用管理决策将新产品开发的工作量划分为几个阶段。在获得批准进入下一个阶段前，负责给定阶段的团队必须成功地完成该阶段预先定义的一系列相关活动。

前　言

2012年5月23日，发表在《华尔街日报》（*The Wall Street Journal*）上的一篇题为"这也叫创新?"的文章验证并强化了这一现象。该文章是基于凯捷咨询公司（CapGemini）[1]针对260位全球高管所做的一项调查研究写就的，以下是该文章的几个主要观点：（1）平均每10家公司中有4家公司设置了首席创新官，而设置的主要目的是"为了好看"；（2）绝大多数首席创新官承认他们所在的企业尚未制定与其角色相适应的清晰的创新战略。

每年，我都要面对上千名的总经理和高级管理人员以及数百名的MBA学生，我总会问他们相同的问题："你们当中有多少人已经厌烦了创新这个词语?"许多人会举手。而被问到为什么时，他们的反应是可想而知的：

"说得太多，但没有行动。"

"我们总被要求创新，但从未得到过相应的时间和资源

---

[1]　译者注：凯捷咨询公司是一家全球知名的管理咨询、技术和外包服务的供应商，目前公司总部设在巴黎，业务区域包括北美、北欧以及亚太和中东，在40个国家或地区拥有超过11.2万名员工。在2010年11月美国《资讯新闻》公布的年度最大50家咨询公司排名（以营业收入排名）中，凯捷排在IBM咨询公司和埃森哲之后，位居全球第三。

上的支持。"

"公司的季度目标一有问题,我们的创新项目就会被搁置。"

"创新是个筐,但凡有点不同的东西都往里面装。"

"我们的领导总要求我们创新,但他自己却从不改变。"

一方面,滥用和误用**创新**会导致惨淡的结局和希望的破灭,也因此浪费了大量的资金。一些公司在团队协作软件、创意空间和新产品开发系统上投入了巨资。另有一些公司建立了内部风险投资基金和创新大赛以期捕捉创意。此外,当然还有大量的资金是花在了咨询公司身上,人们期望他们能在 CEO 的耳边悄悄说出创新的神秘公式。显而易见,这些开支都没有得到预期的回报。

另一方面,随着技术周期不断加快,信息量按月呈几何级数式增长,以及竞争冷不丁地从地球的某个意想不到的角落冒出来,那些态度认真的高管们越来越寄希望于"创新"能够帮助他们的企业保持竞争优势并维持长久的繁荣。他们直面困难,在创新上积极投入,不断尝试解决遇到的难题,而且他们的企业也在不断为顾客创造出新的价值。数据显示,创新的确产生了回报。

因此，有一部分公司能够实现创新的成果，而其他公司则不能。本书将解释个中缘由。

全书概览

企业创新的实现有赖于两个并存的条件：（1）视创新为科学；（2）创建一种创新文化。高管们须具有创造这两个必要条件的能力。他们既不需要靠运气——当然有运气总不会是坏事，也不需要靠战略——这和战略毫无关系。科学和文化将支撑企业实现创新并能够带来企业高管们所渴望的增长。

有关创新的经验证据

与传统观念相反，博思艾伦咨询公司（Booz Allen Hamilton）[1]对全球研发投入最多的1 000家上市公司所做的"2004年全球创新研究"的结果显示，研发支出水平对销售

---

[1] 译者注：博思艾伦咨询公司1914年成立于芝加哥，是全球最领先及最大的管理咨询机构之一。公司致力于与客户携手，共创恒久的佳绩。

增长、毛利、营业利润、净利润、市值和股东报酬没有影响。[1]博思艾伦公司还研究了研发与专利之间的关系。那些投入巨资进行研发的公司确实拥有更多的专利，但是专利活动水平与公司的增长、营利性以及股东报酬无关。该项研究还得出如下结论：就绝大多数公司的核心职能而言，创新仍最具竞争价值，但管理上却最无从入手。

麦肯锡（Mckinsey）[2]基于世界范围内近1 400名高管进行的问卷调查所做的2007年创新报告[3]得出了如下结论：

- 高管认为，创新是增长的重要驱动力，但几乎没有人能够对之进行清晰的引导和管理。
- CEO和高管们在发起创新时屡屡受挫。
- 对创新糟糕的成果普遍感到失望。
- 模仿最佳的实践通常无效。

---

[1] Money Isn't Everything, S+B, Booz Allen Hamilton, Dec. 5, 2005。
[2] 译者注：麦肯锡咨询公司是一家成立于1926年的世界级领先的全球管理咨询公司。公司的使命是帮助领先的企业机构实现显著、持久的经营业绩改善，打造能够吸引、培育和激励杰出人才的优秀组织机构。
[3] Leadership and Innovation, The McKinsey Quarterly, 2008, No. 1。

- 投入的资源和流程或未得到充分的利用，或未能取得财务成效。
- 94% 的高管认为，人和公司文化是最重要的创新驱动要素。
- 接近 1/3 的高管以个案为基础管理创新活动。

麦肯锡在 2007 年发布的另一份针对 600 名企业高管的问卷调查显示，高管们在鼓励和推广创新方面并不积极。博思艾伦的研究有着类似的结论，研发支出的多少与组织、文化和决策程序相关。

2010 年，波士顿咨询公司（Boston Consulting Group，BCG）[1] 发布了一项跨年研究成果，研究结果表明，聚焦于创新的确得到了回报；创新能力与企业整体业绩强相关。BCG 以三年为观测期发现，那些真正创新的企业的业绩要比同行高出 12.4%，以十年为观测期则只高出 2%。[2] 该报告同时显

---

[1] 译者注：波士顿咨询公司是一家全球性管理咨询公司，成立于 1963 年，是公认的战略管理咨询领域的先驱。该公司最大的特色在于已经拥有并且还在不断创造新的高级管理咨询工具和理论。

[2] Innovation 2010, BCG Report, Boston Consulting Group, April 2010。

示，近 1 500 名总经理和经理中有 71% 的人认为创新是公司最应优先考虑的三件事之一。此外，以四年为观测期来看，尽管取得了一些进步，但仍有较高比例的总经理对创新投入的财务效益感到不满（1 590 名来自世界各地的高管中有 45% 的人也有此反映）。而雇员不满意的比例更高（接近 64%）。

前面提到的博思艾伦公司 2004 年的研究报告显示，按增长、利润和股东价值等指标来看，全球 1 000 家研发投入最多的公司中仅有 94 家可以在比同行少投入的情况下连续五年取得行业中位数以上的业绩。在博思艾伦公司 2009 年、2010 年、2011 年对全球 1 000 家研发投入最多的企业的研究中，（根据高管问卷确认的）十家最具创新的企业在营业收入增长、息税折旧及摊销前利润（EBITDA）占营业收入的比例、市值增长三个财务维度上要持续、显著地优于同行，也优于十家投入最多的公司。[1] [2] [3]

---

[1] "The Global Innovation 1000, How the Top Innovators Keep Winning," Strategy + Business, Booz & Co., issue 61, winter 2010。

[2] "The Global Innovation 1000, Why Culture is Key," Strategy + Business, Booz & Co., issue 65, winter 2011。

[3] "The Global Innovation 1000, Making Ideas Work," Strategy + Business, Booz & Co., issue 69, Winter 2012。

前言

痛苦因何而生？

有一些原因导致了即使是在那些严肃对待、积极投资的企业当中，创新也不能真正发挥效用。当然，有那么多人在思考和谈论创新，我们终归会取得一些进步。或许吧。但想象一下，如果我们不将创新看作一个流行语或愿望，而是看作一种真正的管理科学，那么我们将会取得多么显著的进步啊！

我是百森商学院（Babson College）[1]的一名管理学教授，专注于创新和公司创业方面的研究。过去的十年中，我与世界各地的40多家企业进行了紧密的合作，其中既有中小型企业，也有大型跨国公司（这些企业的名单可以在我的个人网页上找到）。我以演讲、研讨会、培训教育、咨询顾问等方式开展工作。在此期间，我会不断地听到各种发生在这些公司内部的与创新有关的糟糕的故事。

就我们自身的经验来看，并不只是全球1 000强之类的

---

[1] 译者注：百森商学院是位于波士顿城西卫斯理小镇上的一所私立商学院。该院创立于1919年，1967年推出了创业管理硕士项目，是创业学领域的领导者，在创业管理方面的专长为世界所公认。

大企业在努力创新，创新的热情弥漫于各种规模企业的总经理、经理和员工之间。关于创新已经写得太多也说得太多。但谬见还在继续，典型的包括：

- 创新就是发明。
- 创新是研发人员的事。
- 创新就是技术。
- 创新只与产品有关。
- 创新就是新产品开发。
- 创新在我的行业无效。
- 创新在我的国家无效。
- 创新就是运气。
- 创新是昂贵的。
- 创新就是给每个人 10% 的时间去做他们自己的事。
- 买一个创意软件，创新就出现了。
- 创新是一个过程，因此让我们设置一个类似门径管理的筛选装置吧。

这些已不仅仅是谬见了，而是无知！这既是对创新这一术语的误用和滥用，也是对创新这一概念的误解。现在到了我们消除这一误解的时候了。简单地说,**创新是一种科学!仅此而已。**

这是什么意思呢?Nussbaum 先生说得既对又错。风行一时的创新 1.0 已经死亡,而系统化的创新 2.0 仍在襁褓之中。在目前绝大多数的公司中,创新依旧未被看作一种管理科学,比如像战略、营销、财务、经济学、信息技术等一样的管理科学。诚然,创新现如今已成为主流,但是在大多数公司中,创新的实施仍旧没有章法——既不是深思熟虑的也缺乏目标。创新可以成为一种系统性的规划或有组织的活动,而且在一定程度上是可预测的。从成熟的程度来看,今天的创新就相当于 20 年前的质量管理。

为便于理解,看看其他管理学科的发展历程或许会有所帮助。

管理学科的演进

许多学科在商业领域中得到了运用,分析它们的发展历程将有助于我们洞察创新在实践领域的发展。想一下营销学,这是一门已经发展得相当成熟的学科。1905 年,宾夕法尼亚大学就开设了"产品营销"课程。和其他学科一样，营销学有一些概念框架（如"4P理论"）和一套独特的词汇。它开发了一系列的实用模型（如市场细分）和工具（如联合分析法），实践者可以通过正规的课程学习对其加以掌握并在各种情境下对其加以应用。营销学的学科分支，如广告学和消费者行为学，进一步拓宽了学科领域。随着时间的推移，相关的学术部门开始成立，这不仅丰富了营销学的知识，而且加强了其与其他学科的联系。自那以后，出现了许多针对营销学及其应用的学术刊物、专业学会和学术会议。

在"质量管理"上我们也看到了类似的发展过程，和今天的创新一样，最初人人都对其感兴趣但却无从入手。下面让我们看一下质量管理运动是如何出现、发展，最终融入企业实践和企业文化的。

长达50年的质量管理运动大致可以划分为这样几个发展阶段：以戴明管理十四条原则（Deming's 14 points）为起点，发展到朱兰三部曲（Juran's trilogy），再过渡到费根鲍姆（Feigenbaum）的全面质量控制（TQC）、全面质量管理（TQM）以及最近的六西格玛（Six Sigma）。

前言

第二次世界大战之后，戴明博士和朱兰博士向日本企业传授了统计和质量管理技术。到了20世纪60年代末，日本管理界已经全面接受了全面质量控制理念。当时关注的焦点是检查、对残次品的反应和质量控制。整个20世纪70年代，质量管理的责任是按职能划分的，它仅仅是企业内一小部分人的事。这最终帮助日本人凭借其物美价廉的商品打入了美国市场。而直到诸如钢铁、家用电器、汽车、芯片等几个重要产业相继失守后，美国和欧洲企业才认识到质量管理的重要性。

质量管理的应用并不仅仅局限于商业领域。20世纪80年代，美国海军航空系统导入了全面质量管理。新的理念包括产品质量设计、消除缺陷和全员质量责任等。由于许多供货商是根据海军航空兵系统的指令工作的，这促使全面质量管理概念在许多公司中得以认识和采纳。我们看到许多企业欣然接受了全面质量管理，而且推广速度极快。但由于缺乏培训、实施草率以及缺乏有效的变革管理，大多数企业的努力都失败了。

六西格玛标志着质量管理运动的最新发展。除了保留了若干从先前经验基础上总结出来的统计性的、加工过的原则，与前几代相比，它是一个考虑更为全面的、系统化的、综合性的方法，向前迈出了一大步。六西格玛诞生于20世纪80年代中期的摩托罗拉公司，其成效显著，并帮助摩托罗拉获得了1988年首届美国马尔科姆·波多里奇国家质量奖（Malcom Baldrige National Quality Award）。六西格玛有这样几个区别于先前技术的突出特征：（1）它与企业的既定战略相结合；（2）在企业一把手的带领和支持下展开；（3）它可以培养出一批我们称之为"黑带大师"的熟知质量概念和工具的专家；（4）通过"绿带"和"黑带"体系，它可以使整个企业受到训练，也因此熟知其战略意义；（5）整个企业有能力通过项目聚焦、有效运用变革管理技能在特定情境下实施质量管理原则。

在这一可行的、全面的方法的帮助下，质量管理的关键原则和实践在世界范围内的众多企业中也得以推广。同时质量管理运动也最终进化成为一门"学科"，也就是说成为一个知识体系或研究领域。

因此，和所有的学科，如物理学、社会学、语言学、会计学、营销学、质量管理一样，创新也是可以管理的。它可以教，可以学，可以付诸实践，而且随着时间的推移，企业是可以掌握创新的。

我们可以从企业如何掌握诸如营销与质量管理等其他学科中学到一些东西。

掌握一项技能

精通是欲望、选择和承诺的结果

只有当管理团队对一件事情有了强烈的欲望，企业才有可能在此领域中脱颖而出。有了欲望，管理层就会投入时间和金钱以期在企业内部塑造能力以掌握该项技能。精通何种技能是一种选择。并非所有的企业都擅长营销。也并非所有的企业都会选择成为运营高手，或者换一种说法，通过持续的进步成为伟大的领导者。因此，要在创新领域出类拔萃同样是一种选择。没有人逼迫企业做好创新；企业的竞争对手更不会。因此，领导者必须真心承诺才能实现超越。

掌握技能需要一批专家骨干的引领

并非每个企业成员都是财务专家，也并非每个人都是人力资源专家。同样地，企业里的每个成员并非都希望变成创新专家。但是就像企业需要培养一批内部的六西格玛导师或专家一样，企业需要培养一批类似的创新专家。只有极少数的企业培养出了这样的内部创新专家。我们特别需要记住的是，有一大批的研发团队并不意味着就会有创新的成果。

对原则和方法的广泛认同才有可能精通一项技能

虽然多数的发明都是个人或两三个人组成的小团队的成果，但绝大多数的创新则是集体努力的结果。因此，有必要在企业范围内形成诸如原则、框架、概念和工具等有关创新的通用语言。今天，多数企业期望所有的员工在概念和工具层面上多少掌握一些有关财务、营销、运营等方面的基础知识或技能。创新也不例外。不幸的是，多数企业至今还未能做到这一点。

掌握一项技能需要长年的努力

掌握一项技能是需要时间的。你必须通过训练（有目的的训练、严格、耐心并且持之以恒）才能掌握一项技能。所幸的是，掌握任何一项技能的路径是相同的：知识 → 实践 → 技能。没有捷径，也没有灵丹妙药。事实上，我总是会遇到一批奢望员工能够不经正式的训练和（或）实践就具有神奇创新能力的高管。

掌握一项技能和掌握一门语言是相似的。多数人都非常愿意掌握用第二语言谈话的技能，但只有很少一部分人愿意尝试去变成专家。同样地，多数企业能够很快掌握一点有关创新的基本技能，但这并不能让他们有别于竞争者。毕竟，仍旧只有极少数的企业能够精通创新。

掌握既需要技能，也需要文化

那些认真、严肃对待创新的高管们会问这样一些重要问题："你们怎样创新？你们如何进行研发投资？创新需要建立哪些流程？我们如何衡量创新？"这些都是很必然的问题，但，并不重要。不幸的是，单个人并不能使人们变得更富创造力或更具创新性。高管们唯一能做的就是营造一种可以使人们自发创新的氛围。因此，创新的核心是企业文化。

创新与营销学、领导力和心理学一样属于社会科学。而会计、财务和信息科技则更像是规范性的科学，它们受逻辑和规则的支配。物理学或生命科学服从于自然法则。然而，社会科学并没有准则或法则，其有的是一般原则、框架、工具、概念等。不幸的是，迄今为止，一些高管们和企业总是将创新看作是一门规范性的科学，就像质量管理和(或)自然科学(比如生物学或化学等)一样。因此,企业仍然在运用错误的工具、错误的技术和错误的资源来管理创新。更有甚者,在有些行业中,创新被狭义地定义为研发和发明。这直接导致了这些企业采取一些非常结构性的方法来处理创新,却忽略了所有创造性、艺术性和人文性的要素,而这些要素往往就是创新的核心。上述都导致了创新成果的匮乏和屡屡受挫的经历。

我们前面提到了麦肯锡2007年的创新报告,这一份基于对全世界近1 400名高管进行的问卷调查的报告显示,94%的高管认同人和企业文化是最重要的创新驱动要素。另一项针对17个主要经济体的759家企业的研究显示,"企业文化"是突破性创新的首要驱动因素[1]。博思艾伦公司自2005年以来一直在调查全球1 000强企业,并提出了相关报告。在其2011年的报告[2]中,它们得出了如下结论:

"构成一个真正的创新型企业的要素有很多:聚焦

---

[1] Radical Innovation Across Nations: The Preeminence of Corporate Culture, Journal of Marketing, Jan. 2009。

[2] The Global Innovation 1000, Why Culture is Key, Issue 65, Winter 2011。

的创新战略、成功的总体商业战略、对客户的深度了解、伟大的天才,以及确保有效实施的能力。然而比任何单一要素更为重要的是企业文化,也就是将行为、感觉、思维和信念综合在一起固化为企业的行为模式。"

不幸的是,同一项研究显示,只有一半的企业声称它们的企业文化有力地支持了它们的创新战略。更有甚者,只有大致相同比例的公司声称它们的创新战略与它们的公司战略是相吻合的。

将创新视为一项技能是必须的,但并不充分。不管怎么说,只有将创新视为一项技能并与创新文化相结合才将是无敌的。

谁将从本书中获益?

接受本书核心内容的高管将不会再用诸如"变得更具创新性"之类空洞的陈词滥调去折磨他们的员工和股东,他们会开始在企业内部构建稳固的、可管理的创新能力。

一旦读了这本书,他们会认识到创意、资源、流程和标准只是创新的一部分，而这些都是可以教的、可以学的、可以操作的、可以变得完美的，也是可以预计的。

任何从真正的创新中获益的企业，无论是新产品或服务的开发，还是内部流程的改进，都可以从本书的核心主题中获益。那些已经掌握了质量管理技能并实现了持续改进的企业可能将获益最多。

本书也将帮助那些已经认识到创新的重要性，但还不知道怎样做的高管们，通过建立"创新文化"走上"创新旅行"。本书对那些已经踏上创新旅行但尚未取得预期成果的人们也将会有所帮助。

本书的结构

在现阶段，如果您仍希望继续阅读下去，接下来的部分将列示本书的结构。

本书余下的章节是基于一位著名商学院的教授与一位困惑的高管之间的对话展开的。对话既提供了一种简单而系统学习有关创新基础概念的方法，也回答了许多高管在探索新的管理潮流或引导公司内部变革的过程中时常会遇到的各种问题。

正如爱德华·戴明所说的，生存无从强制（survival is not mandatory）。同样地，没有人强迫公司进行创新。创新是一种选择。一旦选择创新作为获取竞争优势的武器，那么我们就需要和进行战略规划、实施 ERP 或六西格玛等其他管理创新一样满怀热情地展开行动。但大多数高管仍旧认为，创新是一种次要的活动或是一种奢侈品。因此，在本书的各个章节中都包含高管读者们应该去思考、反思的问题、判断和选择。

下面是本书各章的关键点导读。

第 1 章：渴望变革

第 1 章描述了一个因自己管理的企业前途渺茫而感到无助的高管。他确信帮助企业走到今天的成功的要素将不能再帮助企业走向未来的成功，但他对于如何打破现状缺乏信心。

第 2 章：创新与你想的不同

第 2 章指出了创新与之前所有被多数企业所接受并采纳

的管理哲学之间的一个本质区别。特别指明了质量管理与创新、渐进式创新与突破性创新在概念上的差异。

第3章：创新学科

第3章深入地研究了创新是一门学科这一事实。它和质量管理、财务、营销、生物化学等其他学科一样有一个知识体系。最重要的是，和所有学科一样，创新可以被当作一个有意识的、全面的、战略性的管理职能进行管理。因此，它并不神奇。它也不是运气。幸运的是，企业要掌握任何一门管理学科的路径是相同的。这条路径包括三个步骤：知识、实践和坚持不懈。

第4章：创新实践与创新动力学

第4章深入地研究了创新实践和创新动力。所有的创新都发生于社会群体之中，任何一个社群要想获得优秀的业绩必须要有通用的语言作为根基。任何学科，如医学、化学、法律，都有它们自己的通用语言。每一种通用语言都有自己的结构、原则、概念和工具。创新也一样。创造一个创新者群体的第一步是教会他们创新的通用语言，只有这样他们才有可能实践和掌握创新技能。本章同时明确界定了风险、不确定性和模糊之间的区别，也说明了企业应如何在上述概念差异的基础上推进和管理它们的创新项目组合。

第 5 章：创新文化

第 5 章大致描述了在企业内部创立创新文化的路径。在企业、部门或团队中创立真正的、普遍的创新文化将会孕育出诸多成果。本章介绍了企业创立创新文化的六个基础性功能模块——价值、行为、氛围、资源、流程和对成功的定义。

第 6 章：开始旅行

第 6 章检视了我们当下对学习机制的理解。创新是一个持续不断地学习的过程，一个不断地揭开"未知的"盖子的过程。我们关注了个人怎样学习和企业怎样学习。本章描述了现有知识的局限性，以及现有知识如何限制了一个企业的学习能力。最后我们断言，一旦企业停止学习那只有死路一条。

致谢

本书的内容受到了如下这些伟大的思想家、实践者、高管、学者和咨询顾问的重大影响：彼得·德鲁克（Peter Drucker），爱德华·戴明（Edward Deming），吉杜·克里希那穆提（Jiddu Krishnamurthy）[1]，克雷顿·克里斯滕森（Clayton Christensen）[2]，吉米·柯林斯（Jim Collins）[3]，加里·哈默尔（Gary Hamel）[4]，丹尼尔·平克（Daniel Pink）[5]，亚伯拉罕·马斯洛（Abraham Maslow）[6]，肯·布

---

[1] 译者注：吉杜·克里希那穆提（1895—1986），印度精神领袖与神智学家。

[2] 译者注：克雷顿·克里斯滕森，哈佛商学院企业管理教授，其研究集中在技术创新、发展组织能力以及为新科技发掘新市场等领域。

[3] 译者注：吉米·柯林斯，著名的管理专家及畅销书作者，曾获斯坦福大学杰出教学奖，先后任职于麦肯锡公司和惠普公司，与杰里·波拉斯合著了《基业长青》。

[4] 译者注：加里·哈默尔，前 Strategos 公司的董事长、创办人，前伦敦商学院战略及国际管理教授，被《经济学人》誉为"世界一流的战略大师"。

[5] 译者注：丹尼尔·平克，趋势专家，《全新思维》作者，畅销书作家，《纽约时报》《哈佛商业评论》《连线》等杂志撰稿人，美国前副总统戈尔及白宫行政部门演讲撰稿人。

[6] 译者注：亚伯拉罕·马斯洛（1908—1970），美国社会心理学家、比较心理学家，人本主义心理学的主要创建者之一，心理学第三势力的领导人，需求层次论的提出者。

兰查德（Ken Blanchard）[1]，杰弗里·摩尔（Geoffrey Moore）[2]，吉米·厄特巴克（Jim Utterback）[3]，乔恩·卡森巴赫（Jon Katzenbach）[4]，以及埃德加·沙因（Edgar Schein）[5]。

本书同时是我与同事和朋友们诸多讨论的成果，他们是：Neal Thornberry, Joe Weintraub, JB Kassarjian, Jean-Pierre Jeannette, Sebastian Fixson, Len Schlesinger, Allan Cohen, Les Charm, Ed Marram, Alberto Gimeno, Ivor Morgan, Anirudh Dhebar, Jim Watkinson and Richard Luecke。

我们希望您是幸运的，并能从本书中有所收益。

享受你的旅行吧！

---

[1] 译者注：肯·布兰查德，管理大师、作家、演说家和商业咨询顾问，《一分钟经理人》《共好》《顾客也疯狂》等书的作者。

[2] 译者注：杰弗里·摩尔，高科技营销之父，硅谷战略与创新咨询专家，其关于技术产品生命周期的定律被称为摩尔定律。

[3] 译者注：吉米·厄特巴克，麻省理工学院企业管理与创新讲席教授。

[4] 译者注：乔恩·卡森巴赫，组织战略咨询专家，美国普华永道总经理。

[5] 译者注：埃德加·沙因，麻省理工学院斯隆商学院教授，在组织文化领域中率先提出了文化本质的概念，对文化的构成因素进行了分析，并对文化的形成、文化的变革过程提出了独创的见解。

Chapter One

第1章

渴望变革

The Desire for Change

第1章 渴望变革

那一天,约翰那宽敞的办公室看起来明亮、欢快,令人身心舒畅。春天晴朗、和煦的天气好像总是会刺激到他。从三楼办公室的窗户往下,他可以看见公司办公楼下面的大花园里那些大树的树冠。花园里的景致是平和的,四处可见花儿的新蕾,树木开始吐露嫩芽,鸟儿绕着花木飞翔,到处都是一片春天到来的景象。

他也感受到了春意的盎然,从这当中似乎还看到了启动他已经思考了几个月的变革的机会。但……这真的是合适的时机吗?他们做好迎接挑战的准备了吗?事实上,通过过去几个星期的思考,他对组织既有能力的看法已经发生了改变;他不能容忍企业在现有的老路上继续走下去。但作为领导人所具有的孤独感又促使他开始怀疑,到底他的团队是否愿意和他一起冒险。

作为一家服务企业的CEO,约翰常常会思考为什么这样一家拥有几百名员工的服务企业会在产品上陷入困境，尽管他们做得并不差，但增长还是停滞了。对于之前的衰退期，他总是抱有一旦经济好转增长就会恢复的单纯的想法。但这一次，他不再确信顾客会回来了。

约翰觉得自己有着不错的人际关系网，对行业趋势也有着敏锐的直觉。他经常通过参加管理论坛、会议和研讨会等方式以增进对现有客户和潜在客户的理解。在与其他企业的高管相遇时，大家的话题经常会转向组织的活力和新思维的欠缺上，"老样子，老样子"好像是一个普遍的现象。但这种"常态"是没有理由的——企业在创新能力上的欠缺一直困扰着他。

对于之前的经济增长期，多数管理者会认为，这是推出尽可能多的明星产品或服务的恰当时机。几乎没有人会谈到改变，大家都坚守这样的口号"别碰运转中的系统"。现在不同了，情况没那么好了，所有的事情变得越来越复杂，许多人已经开始说需要创新才能维持生存，他们也同意即使不削减也要控制开支，要实现收支平衡，要通过国际化分散风险。但只有少数人愿意将创新的愿望转化为行动！主动进取谋求成功的就更少了。为什么他十分尊重的企业家带领的一些知名企业即便是在他们所谓的创新上花费了大量的金钱和精力却依旧未能成功？最困扰的是，他并不认为他们所做的许多事情是创新。

虽然企业已经体面地渡过了金融危机，但是约翰对企业做事的方法并不满意，他对此不能放心；他不能清晰地看到组织的未来。他们活了下来，但这绝算不上胜利。

他的担心在季末管理办公会上得到了证实，刚结束的那个季度的报表显示问题来了。市场没有变化，但销售停滞了，他们只能调低价格、延长收款周期，而这些都给贡献毛益带来了负面影响。而且在接下来的一个报告期间内看不到任何提升的迹象。一定要做点什么！

他要求委员会成员两周后再开一次会议，并要求每个人提出积极的建设性意见，制定短期和中期策略以扭转颓势。

会后，约翰回到办公室。几分钟后，他的助理艾玛走了进来，交给了他三个日常工作文件夹：一周的预约、要处理的事务及收到的邮件。

约翰养成了快速浏览邮件的习惯，他知道绝大多数邮件只需要扫一眼就可以归入垃圾类，但他相信这里面有时也会藏有一些机会或一些有趣的东西。

这次就有了。他一份份地翻看邮件、宣传册、行业通讯以及会议和研讨会的邀请函，以筛选出那些能够引起他兴趣的东西。终于，一张宣传单引起了他的注意，这是一所著名商学院召开研讨会的通知。它的标题是"创新行动"，同时它还列出了一系列论断和建设性问题：创新方案的失败、风险与不确定的区别、知识妨碍学习、思考与行动的巨大差距……结论是创新不应该是终点，而应该是一段开创创新文化的旅行。真正引起他注意的是这样一句话，"我们帮助经理人学会失败和庆祝失败"。他用笔在这句话和"创新文化"上做了圈点。

他又进一步在这张宣传单上做了更多的批注，然后把它归入留存的文件夹中。每隔一段时间他会再次翻看这些文件，审阅后会丢掉那些已经失去兴趣的东西，只留下给他启发的文件。

两周以后，约翰和他的管理团队再次开会讨论改进方案。他的期望很高；他有一个有合力的、努力工作的团队；他相信他们的提案中一定会有一些东西是能够转化为行动并对组织产生影响的。

与会成员们一个接一个地阐述了他们与各自的团队提

出的意见和建议。不少建议引发了热烈的讨论，但是绝大多数建议集中在削减成本和提高效率、加大对公司现有服务产品的营销或促销上。会议继续进行着，约翰靠在椅子上，焦虑感不断上升。当最后一个提案的讨论结束后，约翰说话了。

"我非常感谢你们和你们的团队所付出的努力，准备得很好，讨论得也很好。我想这次的会议给了我们很多信息，我深信当我们一致行动后我们的状况会有所改善。但是，"约翰停顿了一下，"当机会来临的时候，你们认为我们应该怎样变得与今天有所不同？"

会议室沉寂了一会儿。之后，开始了三三两两的交头接耳。约翰很有耐心地等着，终于有一个经理跳出来表达了他的看法。

"我们已经比原来更有效率了，从刚刚结束的上个季度来看也已经扭转了趋势，我们没有必要改变。从任何一个方面来看，我们都会越来越好。"

会议室又恢复了寂静。但现在，管理团队知道约翰思考得很深。会议室里的人有的已经和约翰一起工作了十几年。作为公司的CEO，他会鼓励他们的工作。但作为朋友和同事——这里的许多人都是这样认为的——他们相信约翰会带领团队回到现实，并把企业推向另一个高度。

"啊哈！我们会变得更好，但能撑多久呢？依靠削减成本和促销我们还能再来几次？我再多问几个问题。为什么在大家今天所提出的各种方案中我们并没有看到那种能够让我们变得不一样的想法？从长远来看，我们是不是在创造一些不一样的东西，我们是不是真的具有创新性？"

另一个经理打破了又一次的寂静，他说道："我们真的不能自诩自己是一个创新型的企业。这些年来，客户想要什么我们就提供什么，我们有一大批满足客户需求的产品组合。"

约翰很优雅地同意了这个观点，一阵子的沉思后，他的脑子里闪过了几周前看过的一张宣传单上的一句话：创新是文化的结果，文化——他的管理团队是对的——他们缺的就是这个东西。

他向同事们表达了谢意，并鼓励他们把会议上形成的建议加以实施。更重要的是，他鼓励他们着手思考如何推动公司改变做事的方法和（或）尝试做一些不一样的事情，而不仅仅是想着如何把日复一日的事情做好。

约翰回到办公室，打开那个文件夹找到了那张几天前放进去的创新研讨会的宣传单。他重新读了一遍，发现它正好聚焦自己所关心的问题："创新行动"。他认真地阅读了项目的细节、内容、时间、形式和日期。对照了日程表，好像没有什么事情可以妨碍他参加这个为期四天的研讨会。但他又犹豫了，毕竟之前参加过的类似项目多数没有给他留下什么印象。

虽然企业的情况可能会因为即将采取的行动而有所好转，但还是必须做点什么。"企业最近一次创新是在什么时候？整个行业呢？"他问自己。记不得了！最困扰他的是，即使有机会在来年开发出一种热销的产品或服务，但这看起来好像也是不够的。从长期来看，企业需要的是一连串的创新。他不确信，但多少感觉应该在企业文化上做点什么。

"可恶！花一点儿时间了解他人的观点又不会失去什么。即使只有一点或两点有用的想法也是值得的"，他想。即使一无所获，离开办公室理清头绪也好。

他把艾玛叫了进来，让她帮忙预约参加研讨会。他知道离研讨会召开还有一个月多一点的时间，这正好让他有时间把手边的日常工作处理好。

Chapter Two

第2章

创新与你想的不同

Innovation is Different

第 2 章 创新与你想的不同

研讨会报到的日子定在了星期一。会议中心在一幢位于乡间的、老旧的、布局有些凌乱的大房子里，距约翰所在的城市有几个小时的车程。会议中心附属的小公寓楼里为与会者安排了住宿，里面有各种配套设施。约翰对这个研讨会并没有抱太高的期望，但有住宿安排还是挺好的。这多少可以让他从日复一日紧绷着的工作中得到一些解脱。再说不论研讨会如何，多少总可以从分发的会议材料以及与其他高管的会谈中有所收获吧；即使一无所获，也可以有充足的时间去做一些思考。他确信，他惯用的老办法已经不可能把企业推往下一个新高度。

第二天的会议以主题演讲开场。马蹄形的会议室确保每个与会者都可以清楚地看到演讲者，这让他多少想起古希腊的集会，智者们在传播他们的知识，与他们的信徒辩论，而思想和辩论就这样传播开来。约翰坐在会议室一角的最后一排，他仍旧怀疑自己到底能够从这样的研讨会中得到多少收获。

前三天的议程包括不同领域的大会主题发言和分组发言。约翰记录下了一些他认为重要的知识点。会间会后，他都会翻阅所记录的笔记和分发的会议材料，思考怎样才能把这些东西综合起来并且在多大程度上能够将其运用到企业的实践中。同时，他也和其他与会高管进行了一些有意思的讨论。

研讨会最后一天的主题是创新文化，这是约翰最感兴趣的题目。一开场，演讲人迈克就打开了一张画有大猩猩、黑猩猩和猴子的幻灯片，这一下子就引起了约翰的注意。迈克做了一个有趣的类比：

"我们可以通过对这些动物的类比对组织进行分类。大猩猩很强壮，有着令人印象深刻的肌肉组织和强有力的牙齿。它们受到其他猿类动物的尊敬。但它们速度慢、身体重，而且走传统路子。因为习惯于久坐，它们会根据自己已知的知识行动，很少冒险。从这个意义上看，黑猩猩要比大猩猩更灵活，它们也更愿意探索周遭的事物，不过这也仅限于它们迫不得已移动的时候。但即使是这样，它们的大脑也要比大猩猩发达。相反，猴子总是在不停地运动，它们群居，互相帮助，并且为了生存不断地探索新的领域。"

迈克利用幻灯片中的几张图表很快地列示了这些动物和三种不同企业类型之间的关系。

"在我们看来，大型企业就像大猩猩，它们有强壮的肌肉但行动迟缓；中型企业就像黑猩猩，它们总是处在中间，有时缺乏肌肉，有时灵活性不足；最后，我们再看小型企业，它们可能更像猴子，缺乏肌肉，但最灵活。"

"那么从企业经营的角度来看，我们所说的肌肉和灵活性意味着什么呢？"他把话题从图表移开看着大家，就像要从大家的脸上找到答案似的。他面向听众，"或许我们可以把这些特征同创新能力及改变习惯、地理位置和规模进行比较。"

迈克故意停顿了一下，看着与会者。他们都满怀期待，一些人在记着笔记，害怕漏掉他所说的每一个字。

"同样地，在这个案例当中"，他进一步说道，"我们看到猴子在创新：它们主动求变并计算必要的风险，例如它们吃光了附近灌木丛里的食物。对于它们来说，创新是实现终极目标的手段，也就是生存。"

迈克在这些有创新头脑的猴子的图片下方添加了一些注释。

迈克接着说道，"目标"，他自己重复了一下，"'行为 → 反应'。换句话说，'我快没食物了 → 我要创新'。"没错！……但这是对猴子说的。回到企业的范畴，我希望你们不要把创新当成一个终点，而是一段旅行。这就是我们的结论：我们要有意识、有目的地成为——他把所有的重音都放在了动词成为上——一个创新者。而要做到这一点，我们需要一种风格、一些技能和一些特定的习惯。也就是说，一种创新文化。一旦我们拥有了这些东西，我们就会发现，我们不必再去强求什么创新，也不必等到弹尽粮绝或走投无路的时候再去冒险。这将成为我们的一种标准生活方式，它将保证我们永远不会缺衣少食。"

约翰看着迈克，有些怀疑，有些好奇。他试图评估迈克前面一个半小时所讲的那些带给他不安的东西。他分不清这是因为内容本身，还是因为内容带来的显而易见的冲击，抑或是因为迈克在会议室里非常规的走动，或者是因为整间教室里全都是猴子和大猩猩的图表。也可能以上统统都是。

接下来的一个半小时多少改变了约翰的看法。但，不多，只有一点。迈克列示了大量的案例说明多数的企业都在努力创新。虽然高管都认同创新是企业成长的主要驱动力，但是能做好的只是一小部分企业。多数高管对他们的创新投资和创新项目感到气馁，许多人甚至会怀疑创新对企业是否真的有用。因此，迈克抛出了一个很有争议的问题，"如果全世界的企业都在努力，那么我们知道创新到底是什么吗？我们真的了解我们所谓的创新吗？"这个问题让听众感到困惑，感到不知所措。

迈克开始说道，"我并不关心你们读了哪些有关创新的东西，也不关心其他教授是怎么说的，甚至不关心你们的咨询顾问是怎么告诉你们的。我只想知道你们自己的看法。"迈克在教室里走了一圈，要求二十多个高管分别用一句话说明自己理解的创新。当每个人做出回答的时候，迈克就会把他们回答中的关键词写在黑板上，并列成了两栏。约翰根本搞不明白迈克到底要干什么，他相信多数与会者也搞不清楚迈克为什么要把有的关键词用蓝笔写，而有的用绿笔写。而且所有的蓝色的关键词都列在了左边，绿色的关键词都列在了右边。

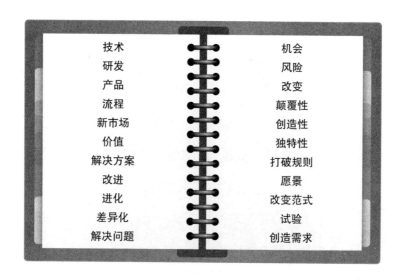

这个环节末了，他转过身来，要求大家总结对创新的观

第 2 章 创新与你想的不同

点或想法。这个时候，有个别与会者看出了端倪。他们认为左右两栏大致是：原因和结果、投入和产出、企业和市场、企业内部和企业外部，以及有形的和无形的。当然也有人提出了一些有趣的、创造性的想法，如：明亮的和黑暗的，我们对他们和其他人。但迈克仍旧不停地敦促他们进一步从不同的角度思考这两栏的差异。他不断地强调大家要想得简单一点。最后，有人指出，这两栏分别对应的是左脑和右脑的活动。迈克接着说：

> "虽然不科学，但我们通常把左脑同逻辑、因果、线性、语言和结构联系在一起，把右脑同创造性、艺术、情感、激情、周边视觉和整体性思维联系在一起。我们需要认识的首要问题是创新是关乎**全脑**的。当然，右脑在创新中发挥着非同寻常的重要作用。"[1]

迈克开始问大家他们企业最近一项重要的投资或转型

---

[1] 有关左脑和右脑的传统观点源于 Roger Sperry 的研究，他在 1981 年获得了诺贝尔生理学或医学奖。更近一些的研究显示，人脑远非二歧分枝的。但在此，为了方便理解我们仍沿用传统说法。

是什么。回答都是可想而知的。有些企业已经或正在推行六西格玛或某些 TQM 方案。有些已经建立了 ERP 系统或在并购后进行了标准的整合。另外一些回答包括 CRM、ISO 和重组。他问大家这些举措的重点是什么，是左脑聚焦的，还是右脑聚焦的？结果大家高度一致地认为，这些举措都是非常偏向于左脑聚焦的。

接下来，迈克让整个会议室的高管们进一步认识到，人这一辈子关注的都是如何训练左脑。最近的一项横扫所有企业的管理学科（如 TQM 和六西格玛）更是典型的左脑导向的——高度结构化，有着非常科学化的步骤。整个 IT 革命也是如此，ERP 和供应链，以及所有 MBA 训练的东西都是如此，更不必说我们在学校的学习了。高管们对当下创新的不满和幻灭，就是因为他们把创新同其他技能一样对待了——都是左脑导向——我们早就这样了，也因此不起作用了。尽管投入了大量的人力、物力，结果仍是一无所获。

当迈克问到这两栏大家更适应哪一栏时，显而易见，答案又是压倒性的。他接着说，我们对创新的认识和 20 年前对质量的认识一样。我们才刚开始开发我们的右脑，才开始尝试管理右脑。正如他在茶歇之前最后所说的,"作为高管唯一能做的事情就是营造一种可以使我们的员工自发创新的氛围。对,就是这样。"当大家开始起身的时候,他走到黑板前画出了如下的画面:

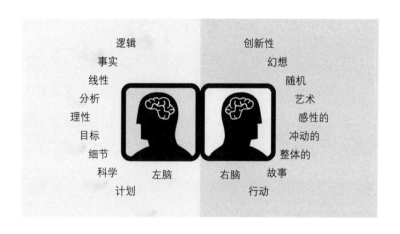

对约翰来说,这些讨论太过简单了。在第一次茶歇期间,约翰找迈克搭讪,以希望解决一些困扰他的东西。

"嗨,迈克,我是约翰,我觉得你的演讲真的很有趣。不过,有一些观点我还有点不理解……"

"说下去,约翰,"迈克很友好地说,"具体是哪一些呢?"

"就是你的理论当中有关企业规模与创新能力的部分。如果一家大型企业分割为一些小的业务单元,并像小型企业那样赋予这些业务单元充分的灵活性,你认为结果会怎样?这样你就既有大猩猩的肌肉又有猴子的灵活性……"

"好极了,约翰!毫无疑问,这将提高你成功的概率,"迈克回答道,"这将使企业变成一个创新型企业。已经有不少这样的案例。不过这样做的企业还不多,多数企业还是可以归入我所说的三种类型中。这样的企业要多得多。"迈克进一步做了补充,他伸出食指指点着说,"我们经常看到一些走相反道路的公司,例如我们会看到一家大型企业因为一些小型或中型企业的创新能力而收购它们。但是一旦被并购后,这些小型企业也就丧失了其创新能力,在被并入大型企业之后这种能力被稀释了、消失了。因此,如果大型企业收购的目的是为了获得创新文化,那么它失败了。在多数例子中,大猩猩吞没了猴子,把它变成了一只小的大猩猩。"

"这说明创新型企业仍有改进的空间,或者可以创造出新的利基市场。"约翰说道。

第 2 章 创新与你想的不同

"当然!"迈克提高了语气,强调道,"这个世界还等着我们去建设。如果经理人或企业家认为所有的事情都做完了,那就完了!未来充满了还不为我们所知的机会。想想那些令我们感到惊奇的创新及其创造出来的新的部门和市场:几年前它们都还不存在——它们甚至是不可预测的。"

迈克高亢的声音引起了一些与会者的好奇心,越来越多的人加入了他们的讨论。

"事实上是人类的愚蠢提供了最好的商业机遇,"迈克断言道。

"既然你说得这么明显,那我们怎样才能更多、更好地创新?"约翰继续问道。

迈克沉思了一会儿,从咖啡台上拿起一张餐巾纸,在上面写了一句话,折好后交给了约翰,且脸上闪过一丝狡黠的微笑。

约翰打开迈克递过来的纸条,迈克接着说道,"所有的企业，不论它们是新创办的还是大型的，也不论它们是等级制的、集权控制的还是扁平化的，首先要有创新的**欲望**；但最重要的是，在创新的过程中要遵守**纪律**。"

> 创新 =
>
> 欲望
>
> ＋
>
> 纪律

欲望和**纪律**，约翰对迈克会选择这两个词多少有点意外。为什么用这两个词？他认为第一个词还算合适，但第二个词和企业创新有什么关系呢？他想起了一些先前的范例和文献。他想没有比军队更有纪律的了，但怎么看军队都不像是一个很有创新性的组织。他以往只认为纪律会削弱主动性，在增加一致性的同时扼杀创造力。

这个时候，迈克已经把注意力转向了围过来听他们谈话的与会者，他们开始了新的讨论。约翰手里拿着迈克的纸条，有些无礼地插嘴说道：

"创新和纪律?"

迈克回过头来注视着约翰,好像有意等着他似的。

"约翰,我们平常关注到的别人的成功,让我们倾向于相信创新更像是一种偶然,而不是有计划地、持续地、聚焦工作的结果。事实并不是这样的。创新中的纪律真的降低了风险,它同时也让企业的创新行为变得更为有效,这虽然看起来像是运气使然。"迈克模仿《小镇疑云》(*Eureka*)[1]里的表情弹了一下响指,摆出一副怀疑的表情。"毋庸置疑的是,当我们将创业思维同纪律化的行动相结合时,我们会发现企业的机会就会戏剧化地产生,如果再结合企业的经验,那么这会帮助企业达到一个新的成功高度,而这在外部人看来也许不过是撞了一次大运而已。"

约翰继续争辩道:"在我看来还是运气的成分多于

---

[1] 译者注:*Eureka* 是美国科幻电视频道2006年推出的一部大型科幻连续剧,中文译名《灵异之城》或《小镇疑云》。

现实。"

"主要靠运气?"迈克笑着重复道,"在我的字典里,运气是经验、努力工作和创造机会的结合。即便是对最有经验的创新者来说也是如此。"

约翰依旧持有怀疑的态度,但不管怎样,他把迈克写过字的那面餐巾纸翻过去,拿笔记下了:

> 运气 =
>
> 经验
>
> ＋
>
> 努力工作
>
> ＋
>
> 创造机会

他把餐巾纸拿给迈克看,笑了,笑得像一个认真读书的好学生。

"这就对了,"迈克耸了一下肩表示同意,"没有捷径。和文化一样，创新是我们的态度、活动和行为的结果。此外，它还是一个持续发展的过程，它根据企业自身成功和失败的经历以及企业如何从中学习、反思而不断地进行调整。企业的DNA和人的DNA是一样的。"

迈克看起来好像相信人具有与生俱来的创造力。很明显，他是真心诚意地相信这一点。此外，他也非常乐于与人分享他的观点。尽管有些不情愿，但约翰多少已经被他的话语所吸引。与此同时，有越来越多的与会者加入了他们的讨论。

"创新，"迈克进一步解释，"不是一种工具或灵丹妙药，而是一种结果。它是一种深思熟虑的、有目的的决策，目的是让公司变得更有创造性，而这就引出了创新文化的问题，它关乎企业的方方面面。"

"我们要记住这很简单。我们所要做的只是发掘和管理一些我们已有的东西。成年人是经验主义者，这是因为我们要不停地对每件事情做出判断。当着手创新的时候，这就要求我们要有和军队一样严格的纪律。在孩童时代，我们生活在一种形而上的环境中。我们总是因为好奇心的驱使而不断地进行探索。我们总是较少地做出判断而较多地接受。因此，它是非常具有创造性的。"迈克恍惚了一下，好像陷入了对童年的回忆。

约翰插嘴说道，"但这好像和你刚才所说的纪律有矛盾。"

迈克笑了，他把食指放到嘴边，拿过约翰手里的餐巾纸，说道：

"你关心错关键词了。不要看创新这个词。这里的关键词是欲望。即便是成年人，当我们在做一些对我们有巨大利益的事情的时候，我们不也是不达目标不罢休吗？基于同样的原因，欲望和纪律的良好结合才是关键。创新不是原因，是结果。"

约翰还在认真地听着迈克的解释，而这个时候，迈克注意到会议时间到了。

回到会议室的座位上，约翰觉得他不安的情绪稍微平缓

第 2 章 创新与你想的不同

了一些。他很希望再多学一点，想要和迈克把谈话继续下去。他在脑海里计算了一下参加此次研讨会的时间和金钱投入是否值得。想起刚才的谈话，他忍不住地笑了。约翰多数时间所处的世界是非常二分法的，要么是 0 要么是 1；是高度交易性的——给予或索取；是及时满足的——讲求简单的答案。在研讨会中，他想到只花了一点的时间和金钱就学到了这么多东西！约翰感到这对迈克来说既不理性也不经济。迈克给出的并不是简单的答案，他会问很多困难的问题，做出判断并希望与会者做出反应。

接下来的时间里，约翰更认真了一些，但不多，只是一些。他控制不了自己的疑虑……如果接受了欲望和纪律是不可分的一对，那么接下来该怎样做？

当会议再次开始的时候，迈克提出了一连串的问题。当他一一阐述这些问题的时候，约翰被迈克做出的另一个结论震惊了："创新是一种选择。生存也一样。"他紧接着列示了《财富》500 强企业平均的寿命及上榜时间，并将它们和大猩猩不长的寿命，甚至更短一些的猴子的寿命做了比较。

正当约翰想提问的时候，另一个与会者也提出希望迈克解释他所说的"创新是一种选择"的含义。迈克走到黑板前，画了一幅图来说明企业是如何基于对未来的预期做出选择的（见下图）。他接着解释说：除了培育现有的现金流，管理层什么也做不了，在一段时间之后企业将走向终结。统计结果事实上也显示，它们走向死亡，也就是到达C点。但另一个方面，企业可以运用更加流行的质量管理技术和持续改进的方法对它们的产品、流程、市场和商业模式进行修正，进而到达B点。最后，一个企业也可以选择将持续改进和持续试验相结合以实现巨大突破，也就是到达A点。迈克将这些持续试验产生的突破定义为"突破性创新"，以对应持续改进哲学，这类似于"渐进式创新"的说法。换句话说，渐进式创新可以通过目前流行的精益化、质量管理哲学的许多概念和工具得以实现，这种数量级别

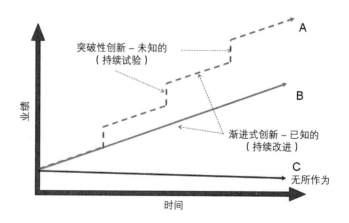

上的提升，是持续试验的结果。

迈克接下来进一步解释了质量管理与创新在概念上的一些本质的区别。尽管渐进式创新和质量管理或者六西格玛之间有着许多相似之处，但还是存在着本质的区别。质量管理是减少与一个事先确定的标准之间的差异，而创新是发现它的转化并使之标准化。质量管理是要消除例外事项，而创新是要寻找例外事项。质量管理是通过寻找偏差产生的根本性原因来减少偏差的，它的过程是高度结构化的、是按部就班的，这个过程要运用到各种科学方法；而创新过程是通过大量的试验和失败寻找、塑造和捕捉机会。质量管理是渐进式的，而创新是革命性的。质量管理是有关一致性的，而创新是有关自由度的。质量管理是有关比较的，而创新是没有比较的。有比较就有竞争。因此，企业在质量管理过程中所要求的能力与在开发创新过程中所要求的能力有很大的差别。

> 创新＝突破＋渐进
>
> 和
>
> 创新是一种选择

更为重要的是，迈克对"已知世界"和"未知世界"做了区分。他说渐进式创新是基于已知的技术、已知的产品、已知的市场、已知的商业模式和已知的竞争对手。而突破性创新面对的是未知的领域——未经测试的技术、未知的市场、不熟悉的产品、未经证实的商业模式和身份不明的竞争对手。因此，预测战略应用于针对"已知世界"的渐进式改变，它和针对"未知世界"的应急战略有着巨大的差异。这些讨论把约翰完全吸引住了。

在午餐休息的时间，约翰试图找机会坐在迈克的旁边以便继续上午被打断的交流。但好像缺了点运气，迈克被其他与会者抓着谈个不停。只能再等等了，约翰还想着这件事，一点也不想放弃。他很想再找一个机会继续谈下去。

机会来了，就那么简单。迈克带着愉悦的心情主动过来找他。

"约翰，看起来你还在想着创新的问题。"

"因为它是未知的，所以对我来说它很是令人着迷，"约翰点了点头，用迈克的术语回答了他。但他接着说，"对你所说的纪律在创新中扮演的角色，我还是很迷惑。对我来说,纪律意味着一致性。"

"你只对了一部分。不错,纪律在多数情况下意味着一致性、遵守规章、修正,以及对偏离标准的惩罚。但当我谈论创新中的纪律时,我指的并不是这些。"迈克回答道。

"迈克,那你指的是什么呢?"

"嗯,这需要你自己去找到答案。我用的是它的传统含义。我希望你回到它的词根上找出它的真正意义。实际上,当我谈论创新的时候,对"discipline"这个词我至少有四种用法,但没有一种指的是一致性和修正。"迈克说。

"会后,今晚我们再轻松地聊一聊这个问题,怎么样?我们可以漫步到附近的小镇,大约15分钟的路程,那里的一家咖啡厅有一个很舒适的室外吧台。看看你是否能够让我也感染一下你的激情!"迈克逗趣地说。

"太好了,迈克,我太乐意了!"约翰非常惊喜地回答道。

Chapter Three

第3章

创新学科

Discipline of Innovation

第3章 创新学科

约翰和迈克漫步至附近的镇中心。由于就住在附近,迈克对周边的情况很熟悉,他带着约翰避开主路穿过公寓后面的一片榆树林。春天的傍晚,空气微凉、清新,在会议室里讨论了一天的概念和辩论之后,出来走走令人心情愉悦。

"嗨,"简单的寒暄之后,迈克说,"在我看来,你很焦虑,只有两种人会焦虑,一种是年轻人,一种是想法太多的人。很显然,你和我都属于后者。"说完,他发出了爽朗的笑声。

约翰忍不住地一直在想"我这是在干什么?",怎么会和这样一个很健谈、有学识,甚至有点像个顽童的人在一起散步,一起穿过树林?他不是一个好奇心很强的人,更不是追星族,他渐渐感到疑惑,心理开始自我保护起来。在约翰看来，创新必须是创造性的，但用迈克的话来说，它还需要纪律和坚持，而且他还强调这是必须的。

"别那么紧张！我要补充一点，"迈克并没有察觉到约翰的心理变化，自顾自地接着说道，"焦虑也是许多创新者共有的性格特征！但坚持和勇气要比焦虑重要得多。"

"举个例子，"迈克一边拨开灌木丛一边继续说道，"就说世界跳高纪录吧。在世纪之交和20世纪早期，跳高运动员们采用的是一种叫作剪式跳高的技术。但在跨越2米这个高度时遇到了问题。直到有人开始想类似的问题：'为什么我们不尝试一下其他的方法？'有人灵光一现想到了翻滚的主意，就像我们翻过吧台那样，将身体和吧台保持平行，一瞬间整个身体都翻过去了。他们就那么干了。"

迈克突然停顿下来，沉默着，眼睛盯着约翰好像是在提问。

"当然,"迈克将双手抱到脑后,提高了声调,显得很兴奋,"在其他选手看来,先行者的做法是不可思议的。但那些先行者凭借他们创新的技术接连不断地提升着横杆的高度——不是一厘米一厘米地提升,而是一下子提升了好几厘米,即质的飞跃。过后不久,那些之前持怀疑态度的人也开始模仿新技术!"他停顿了一下,放低了音量、放慢了语速,"在这之后,跳高纪录又开始像往常一样缓慢地向上提升,一厘米一厘米地提升。"

迈克陷入了沉思,继续往前走。约翰跟在他后面,没有说话。通过一整天的研讨会,约翰知道迈克已经完全沉浸在自己所说的故事里了。

"这种一厘米一厘米提升的情况一直持续着,直到又有"其他先行者"跳出来对滚式跳高技术进行了改进,也就是不再把整个身体推过杆,而是把身体伸展开来,一只脚和一只手先过杆,躯干紧接着过杆,最后另一只手和另一只脚再过杆。他们把这种新技术叫作俯卧式跳高。又一次地,记录一下子被提升了好几厘米。这些人成了先驱，而接下来……"

"所有人开始模仿他们！"尽管约翰是一个沉默寡言的人，这次也会意地插了话。

"对！"迈克说，"那么接下来你认为会发生什么？"

"一切又回到常态，跳高纪录又是一厘米一厘米地被提升。"

"很显然！那你告诉我……你认为现在运动员还在采用俯卧式跳高的技术吗？"迈克问。

"不，现在他们采用的是背越式跳高。"

"这就对了。终有一天又有人开始试验，他们开始借用物理学的概念。他们想到如果彻底改变助跑的路线，采用弧线助跑充分利用离心力，就可以提高速度、增加力量，往上带动身体就可以跳得更高。但是这里有一个问题：运动员会向后着地。这使得运动员们不敢采用这种技术，直到迪克·福斯贝里（Dick Fosbury）[1]在

---

[1] 译者注：迪克·福斯贝里，美国人，田径运动员，于1968年墨西哥夏季奥运会上以2.24米的成绩获得跳高金牌。其实，福斯贝里不是第一个采用背越式方法跳高的运动员，1963年来自蒙大拿州的布鲁斯就采用背越式方法越过了横杆。

1968年的墨西哥奥运会上采用这种方法获得金牌。"

"现在,"迈克继续说道,语气就像在描述一个童话故事的结尾,"这已经成为一种常用的技术。在下一位"先行者"想出新的跳高技术之前,这种方法还会一直被采用下去。因此,你可以看到,这个循环总是相同的:一些……"

"……一些先行者跳出来打破固有的偏见,"约翰插了进去,"其他人是持怀疑态度的,而一旦那些先行者实现了他们的目标,先前持怀疑态度的人也会跟过来追上新的潮流,如此循环往复。"

"没错!"迈克强调道,"创新者总是让人感到混乱,但有的时候他们会取得成功,会创造一些之前不存在的细分市场,创造一些产品或服务。"

他接着说道,"世界跳高纪录已经有25年没有被打破了。约翰,你认为我们在现有技术条件下已经达到了极限,还是现有记录会被新的技术打破?"

迈克等了一会儿,但约翰一直没有接茬,他只好继续说下去,"突破性创新是针对未知世界的!对于未知世界,你是无法预测的。发现未知世界的唯一方法就是持续地试验，而试验的核心是失败。人们讨厌失败！"

他们低头继续走路，过了一会儿，就看见了镇里的房子，也渐渐地听见了狗叫和远处高速公路上的车声。

"但是我看不出这个故事和你白天所说的纪律、运气，以及你给我的餐巾纸上所写的东西之间有什么关联，"约翰说出了内心的疑惑。

"朋友，这很简单。除了跳高运动员和他们的教练，谁还能够有充分的信息和经验来认识到现有方法的局限性？"迈克轻松地回答道，"当然，正如你可以想象的，第一次在赛场上采用这种新技术之前，他们要忍受数不尽的挫折，要进行数不清的以失败而告终的试验，直到和新方法有关的所有难题全部被解决。要做到这一切，意味着他们要运用许多，甚至是数量惊人的技能。"

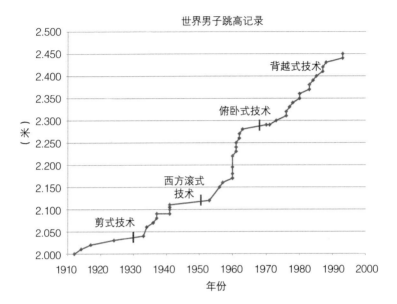

说话间,他们已经走到了小镇的中心,在中心广场上有一家咖啡店,临街的几张桌子坐了一些人,还有一些空着。迈克挑了一张桌子,邀请约翰一同坐了下来。

"你要来点什么?这里的咖啡不错,我推荐你尝一尝,和学校里的大不一样!"

迈克走向前台点了两杯咖啡,回来的时候带了一沓餐巾纸。他已经预见到这些餐巾纸将会派上用场。

"我觉得我可能想通了一点,"约翰不等迈克坐下就说起来,"但有些地方还是接不上。我们需要鼓足勇气才能认清这样一个事实:我们总是用同样的方法做事,改进也是非常线性的,但反过来,如果你对问题追根刨底的话,你就有可能实现大突破。当然,那些实现了目标的人会被说成是有'发现'的运气。"

"是这样的,而且总是这样的!在我看来,许多人都说运气什么都不是,但却不肯承认这样一个等式:运气＝经验＋发现机会＋失败＋技能＋一点侥幸。"

> 运气＝
>
> 经验
>
> ＋发现机会
>
> ＋失败
>
> ＋技能
>
> ＋一点侥幸

约翰完全同意迈克给出的公式。看到公式,他马上想到了许多例子,从青霉素的发现到最近的iPod。他还想到了爱迪生的名言：发明是 1% 的灵感加上 99% 的汗水。

迈克细细地品味着咖啡，这也让约翰有时间好好地理清自己的思路。约翰看起来有点魂不守舍，可见这些观点正在他的脑海里翻江倒海。

"不过"，尚有疑虑的约翰重启话题，"我认为我们不能只关注突破。"

"不！"迈克当即打断了他。"当然不！市场不会接受。怎样改变是人和市场说了算，我们要尊重这一点。所有创新都是以商业为目的的，也就是说它必须要有回报，只有这样我们才会进行后续的投资。我们必须衡量我们的付出，并使之不会偏离轨道。"

"记住，这是一个选择，"迈克继续说道，"企业必须决定他们希望实现的是突破性创新还是渐进式创新，或者是以一个特定的比例同时展开。然而，渐进式是必要的，但不充分。"

"是的，这一点我从上午的会议中已经学过了。我的企业相当不错；或者说，我们很善于持续改善。事实上，在过去的四五年中，我们很好地把握了这一点。但我也清楚地看到了只做到这一点的局限。"约翰说。

"约翰，说说你们的局限在哪里呢？"

"我们的产品、流程、服务、商业模式——我们所做的每一件事——和我们行业内众多的竞争者都差不多。我们之间互相快速地模仿，我们的产品和服务高度商品化。没有行业龙头，也没有所谓的创新领导者。客户的忠诚度和行业进入门槛都低得可怜。"

"这听起来像是到了另谋出路的时候了。"迈克边说边在餐巾纸上写下了一些东西递给了约翰。

> 复制／为生存而抄袭
>
> 创造／为成为市场领导者而创新

"约翰，抄袭和复制竞争者的做法毫无问题。事实上，为了生存这是必要的，但不足以茁壮成长。我很高兴听到你们的企业在持续改进上做得很好。这会使你们在进行突破性创新和持续试验的过程中拥有很大的优势。"

"但迈克，你还没有解释我们怎样才能在持续试验的过程中拥有优势?我们怎样才能成为创新专家?我们应该从哪里开始?……嗯,我不知道从哪里开始?"约翰听起来有点不耐烦了。

迈克再次露出了自鸣得意的表情;就好像他早就知道约翰会提出这个问题。这多少让约翰觉得有点恼火。

迈克又在餐巾纸上写下了一些东西递给了约翰。

"谢谢!"当约翰看到迈克递过来的餐巾纸时笑着说道。接着他又有点嘲讽地补充道,"我会把它同其他笔记放到一起。"

> 创新 =
>
> Discipline [1]
>
> + Discipline
>
> + Discipline
>
> + Discipline

---

[1] 译者注:"discipline"一词在英文里有多种含义,如学科、学习、训练、技能和纪律等,在这里具体所指的含义可以参见本书最后一章。

就在这个时候，迈克的手机响了。他说了声抱歉，起身走开去接电话了。当迈克离开的时候，约翰尝试着整理了一下思路。坦率地说，除了几张写了字的餐巾纸，他好像什么收获也没有。尽管这些字好像说了些什么，但却又好像什么都没说，搞得他有点糊涂了。他仍有些怀疑，到底能不能从迈克那里得到他想要的东西。但约翰看得出来，迈克并不想让他这么轻易地得到答案。迈克想让他自己一直走下去直到顿悟。

几分钟后迈克回来了，约翰起身去了洗手间。借着这个空隙，迈克拿过一张餐巾纸在上面写下了一些新的思路。

当约翰回来时，迈克满脸笑容地迎接他。很显然，迈克对这个讨论很感兴趣。

几乎等不及落座，约翰就抛出了困扰他多时的问题。

"现在怎么样，迈克？我想我可以理解其中的一个'discipline'了，但另外那三个是怎么回事？"

迈克舒适地靠到椅子上，再也抑制不住地大笑起来。

约翰耐心地看着他，多少有点吃惊。过了一会儿，迈克恢复了冷静。

"抱歉,约翰,当你不在的时候,我在想你的下一个问题会是什么。创新是一门学科,是一个研究的领域,就和六西格玛、财务、生物化学、法律一样。它和任何其他的学科分支没什么两样。"

迈克接着说道,"每一门学科都有它自己的语言。每一门语言都有它自己的结构、原则、概念和工具。当你的企业在学习TQM和(或)六西格玛的时候,它还必须学习有关精益思维、流程控制、看板、持续改善等基本概念。反过来,这里的每一个概念都有它对应的工具。有的对应7种工具,有的对应3种,有的对应9种。"

"迈克,我理解,我们在今天的会议中也谈到了一些!"约翰说,"但,你的意思是不是说学习创新就像学习一门新的语言一样?"

"啊!但是学习一门语言和掌握一门语言差别巨大。就拿我的西班牙语来说吧,我学了不止15年,但我仍旧不敢说我的西班牙语很好，要做到深度交流还有差距。"

"是的，我注意到了，"约翰大笑着补充道，"今天早上我听到你在走廊里和某人聊天，你还拿不准用什么词，语法也很糟糕，更不要说动词和时态了。"

"我知道，我知道！别哪壶不开提哪壶，约翰！我回去闭门思过。"迈克多少有些不好意思地说。但他马上抛出了一个问题给约翰，"你能说几门外语？你说你的德语相当不错，你是怎样学的？简单吗？"

"哦！不！一点也不。我是学了好几年才熟练起来的。"

"和所有的语言一样，绝大多数的企业都能够学会创新的基础和一些基本原则。但这并不意味着它们已经成为专家或者已经掌握创新了。"迈克说。

"啊！我明白第二个'discipline'的意思了。通过训练掌握一门学科。"约翰打断了迈克的话头，他很明白自己已经破解了迈克的一个密码。

"约翰，你抓住要点了！但请记住要怎样做才能掌握一门学科。这个部分我们下午开会的时候已经说过了。"

第3章 创新学科

"是的,迈克。我记起来了,渴望、选择、承诺、通用语言、专家团、全员教育、坚持不懈与决心!"

"约翰!!太棒了!非常好。多数人在听了3个小时的会议之后什么东西都记不住。你很特别。"

"迈克,我有渴望!"

"好极了,约翰!赛程过半了!"

迈克又放松地坐回椅子上,好像他们已经到了马拉松比赛的折返点。有那么一会儿,两个人只是呆坐着,欣赏着小镇春夜的美景。

"迈克,你说得对,这里的咖啡真的很好!"

正如迈克所期待的,约翰又提出了下一个问题:"迈克,我不太确定我们最终能否成为训练有素的创新者。首先,我还不太理解你开会时所说的旅行是怎么一回事。"接着,迈克拿起另一张餐巾纸又开始涂写。

"几乎所有的学习过程都遵循这样一个原型[1]，"迈克边说边将餐巾纸推向约翰。

> 不知道自己不知道
> ↓
> 知道自己不知道
> ↓
> 知道自己知道
> ↓
> 不知道自己知道

约翰看了餐巾纸上的文字，觉得似曾相识；他以前也曾看到过，但是没太注意，更不用说把它和创新联系起来了。他半懵半懂，但总是无法把学习的这四个阶段和创新联系起来。

看到约翰有些迷惑，迈克说："好的，我们已经讨论了突破性创新和渐进式创新的概念，以及质量管理和创新之间的差异。我们也讨论了作为一门学科的创新，它是一个知识

---

[1] 诺埃尔·伯奇（Noel Burch）在30年前的戈登国际培训活动上所开发的"学习的阶段模型"。

体系；还讨论了为了掌握创新，需要两种技能——有目的的实践和勇气，或者说是持之以恒。这些都是我们要记住的基本概念，但现在，我要回过头去谈谈所有问题的核心——我们不能忘记所有瞄准创新的企业都需要一种创新文化。这一点你同意吗？"

"嗯。"约翰呼应道。

"对一个组织而言，创新文化是不会在一夜之间形成的，它需要长期的努力。"

"朋友，如果你希望你的企业富有创新性，你没有其他选择，只能开始创建创新文化的**旅行**。企业，要学会变成一个创新者。而这段旅行就和其他典型的学习过程没什么两样。也就是我刚才所说的原型——这是普遍通用的原则。就像你所熟知的那样，几乎所有的学习过程都需要经历这四个阶段，我们从小以来的学习历程也说明了这一点。我们总是从一个相同的起点出发，也就是我'不知道自己不知道'。首先，我们不想做重复的发明。因此，我们会看看其他人刚刚说过什么、经历过什么，也就是已经存在的知识。我们获得了这些知识,同时认识到还有很多东西需要去学习,也就是达到了'知道自己不知道'的阶段。接下来,我们试图将我们的知识转化为行动,我们知道自己应该做些什么和怎样去做。通过有目的的实践活动,这是训练的另一种形式,我们达到了'知道自己知道'的境界。不过,只有有勇气、有决心的企业才能做到这一步,这又是训练的另一种形式。当我们成为专家了,我们也就不需要再去想它了,也就是'不知道自己知道'。就像呼吸,我们不用去想,却也自然而然地进行着。"

迈克从约翰那里拿回了那张餐巾纸,并在上面补充了一些内容。

不知道自己不知道

　　↓　知识

知道自己不知道

　　↓　有目的的实践

知道自己知道

　　↓　持之以恒和勇气

不知道自己知道

约翰点头表示同意,"迈克,你好像有个诀窍,能够帮助人们理清头绪。我觉得从谈话中学到了不少东西。"

"谢谢!这就是我的工作,不是吗?另外,我也要感谢你,并不是所有的高管都愿意这样开诚布公地谈话。下面我们再来谈一谈'开放性思维'的话题。"

迈克接着说道,"为了完成这个概念,让我们回想一下,当我们的父母第一次拿给我们一把汤勺,我们会把食物涂到脸上,因为我们还没有学会找到嘴巴,学习的过程也是如此。而一旦我们把这个过程内化了,我们就连想都不用想就能做了。因此,我称之为三步学习法:'知识→有目的的实践→持之以恒和勇气',也就是'知道''做''成为'。我们已经是成年人了,都很清楚学习的机制,那么还有必要说得那么复杂吗?"

随着谈话的继续,约翰的疑虑渐渐地被打消了,"迈克,我请你吃顿晚饭,怎么样?这样我们可以再多聊一会儿。"

迈克犹豫了一下，但很快做出了决定，"我先给家里打个电话，让他们别等我回家吃饭了。我经常出差，所以只要回到镇里，我总是争取和家人一起吃顿晚饭。不过我相信一顿晚饭不回家吃，他们会原谅我的。"

"我太自私了！原谅我，害得你没能和家人在一起。"

"没关系，约翰！如果觉得无聊，我也不会在这里坐这么久。请你记住这一点，每一次和高管聊天我总能学到很多东西。对我来说，这就是科研。真不好意思，你成为我研究的对象了。"说着，两个人都大笑起来。

Chapter Four

第4章

创新实践与创新动力学

The Practice and Dynamics of Innovation

第4章 创新实践与创新动力学

约翰开始清楚地认识到迈克要把他指引到哪里去。儿童时代的学习经历类比分析事实上说明了企业学习过程中的一些问题,他同时也完全明白了今天的会议中所阐述的内容。迈克喜欢激励他的学生运用所学的方法自己得出结论。他并没有高高在上,也没有"填鸭式"的满堂灌,他娓娓道来,让学生有充分的时间消化吸收他所说的概念,提出他们的问题再层层深入。他同时理解了迈克所说的创新是一场游戏,而他已经进入了这场游戏。虽然他知道这场游戏看起来更像是一个顽童在用他的诡辩,让那些自认为还留有几分企业家精神的高管们偏离传统的老路。

夜幕降临了。广场上昏暗的灯光营造出一种令人舒适的氛围。又来了几桌客人,边上客人聊天的声音恍恍惚惚地飘了过来。远处偶尔有几辆车开过。约翰发现,这真是一个躲避日常工作压力的好地方,一个可以降低自我防备意识的好地方，它可以让思维更加清晰、更容易倾听。

他向迈克说出了自己的看法，而迈克脸上露出的满意的笑容说明他早已得出同样的结论。

"这就是我几年前决定在这里住下来的重要原因。不过你不能逃避；我可以选择待在这里，也必须待在这里，但你的位置是在战斗的第一线。"迈克抬起双手，露出顽皮的微笑表示歉意。"我的工作是为你们的战斗再充电，拓宽你们的视野，缓解你们日复一日的工作压力。而像你一样的企业高管和创业者是在真实地改变社会，推动社会进步，这才让我们得以生存。"

他们彼此静默了一会儿，享受了一下平静的环境，周遭的树林勾勒出天际的轮廓。接着他们聊了聊彼此的生活、家庭，就像两个好朋友一样。他们点了餐。迈克又在那张写了学习过程的餐巾纸旁边摆放了几张餐巾纸。

"轮到你做决定了。现在你可以带领你的企业开启一段通往创新文化的旅行！"

"别取笑我了。现在我离破译你的密码还远着呢,你岂不是要把我的企业带到爪哇国去。我还不知道怎样做,或者你替我来做,这应该不错!"

"让我看看到现在为止我消化了多少东西。"趁着迈克往杯里倒红酒的间隙,约翰拿起那张写了字的餐巾纸像是在看地图一样浏览了起来。

"迈克,你能不能再讲讲你从学习过程中提炼出来的三个概念。什么是知识步骤?如何实践?什么是有目的的实践?在勇气和持之以恒环节,企业又怎样才能做到有勇气和持之以恒?"

迈克由衷地笑了。他从约翰手里拿过那张餐巾纸又把它放在了桌子的中间。

"约翰,这很简单。我们再回顾一下。正如我们都认同的,如果创新不是一种手段,而是一种结果,那是因为我们创建了这样一种文化:创意可以系统地、常规地转化为机会。那么我们也就不再需要刻意地要求企业进行创新了。"

"约翰,给我几分钟的时间。就一小会儿,让我们来追溯一下历史。你如何看待克罗马努人?[1] 相比克罗马努人[2],尼安德特人的生理条件更适合北部欧洲寒冷的天气,而且在这个地区存在的时间也相对较长,但结果却是,克罗马努人较多地存活了下来,并且最终消灭了尼安德特人。"

"如果我没有记错的话,克罗马努人有更好的组织和狩猎工具。"

"约翰,完全正确!但为什么他们会比尼安德特人有更好的组织和狩猎工具呢?他们又是如何能够按照一种更好的方式自我组织的,又是怎样发现更好的狩猎工

---

[1] 译者注:克罗马努人(Cro-Magnon),是2万—3万年前欧洲大陆上出现的一种寿命不长(平均寿命不超过40岁)、智慧较高的早期人类,属于晚期智人。根据骨骼估计,他们的体格强壮,身高1.82米,肩宽胸厚,前臂比肱骨长,已经能够完全直立行走,动作迅速灵活,四肢发达,手极其技巧,适合雕刻和绘画。他们因L. Lartet于1868年在法国Dordogne的Les Eyzis附近的克罗马努洞窟发现而命名。

[2] 译者注:尼安德特人(Neanderthals),简称"尼人",因其化石被发现于德国尼安德特山洞而得名。尼安德特人是现代欧洲人的近亲,根据现有资料判断,尼安德特人骨骼粗壮,肌肉发达,但个子不高,男子只有1.55—1.56米,胸部较宽、四肢粗笨,手和脚也比较大。从12万年前开始,他们统治着整个欧洲、亚洲西部以及非洲北部,但在24 000年前,这些古人类就消失了。

具的呢?"

"啊!我想起来了,相比尼安德特人,克罗马努人有一种进化程度更高的语言。"

"对了,约翰!你抓住要点了。克罗马努人不但有更好的狩猎工具,而且他们的工具总体上都要好得多,这让他们有更好的艺术,有更好的衣物和遮蔽处帮助他们抵御寒冷。而所有这些创新都是文化,而激发文化产生的核心就是语言。一种共同的语言创造一个群体,强化一个团队,它使得群体的成员能够自我保护、发展、相互帮助和自我组织。"

"当人们清醒的时候主要做三件事情:学习、工作、游戏。我们是作为社群中的一员来做这三件事情的。所有的创新都在社群中产生,但细节上有所不同。超过90%的专利,如发明,是由3个人或少于3个人完成的;而几乎所有的创新,如所有发明的产业化,则是依靠社群完成的。你有没有想过为什么诺贝尔奖总是以奖励个人居多,有时也会由2个或3个人分享,但却极少颁发给机构?"

"你是不是说发明更像个人运动项目,而创新更像团体项目？"约翰说道。

"约翰，我喜欢这种分析。我可以借用一下吗？当然，这是你的功劳。"说完，他们都笑了。

迈克接着说道，"一个社群是处在一个共同环境中的互相影响的有机体，这并不局限于人类。但就人类而言，社群意味着一批有着共同价值观、社会凝聚力的人组织在一起。任何社群的核心就是通用语言。它是一个社群存在的基础。通用语言是不同母语的社群成员之间使用的一种系统化的语言。所有的学科，如管理、医学、法律，都有它们的通用语言。创新也一样。要建设一个创新性社群的第一步就是教会成员使用创新的通用语言——原则、框架、概念和工具。"

"一旦他们学会了通用语言，他们的交流才能合拍，他们才能一起行动、一起工作，一起实践他们在创新领域共同学到的知识，提高工作的效率。然后他们会形成自己的习惯和传统。最终形成创新文化。"约翰用飞快的语速不停地说着，迈克不停地点头表示赞同。而这就好像一个刚学会一种新把戏的小孩试图讨他父母的欢心。

"好极了，约翰！"全神贯注听着的迈克突然兴奋地大叫起来，"没有通用语言就没有文化。"

约翰变得活跃起来，并开始体会到其中的乐趣。他感觉自己已经去掉了身上的枷锁。

迈克的身体朝椅背靠去，笑着说道："约翰，你已经比平时做得好多了。原来你只有一些零碎的、不成体系的想法，但现在你已经有了全面的认识，除了习惯和传统的养成需要时间。记住，15年或20年前，企业开始关注质量管理；从那个时候起，企业开始在内部培养全面质量管理专家和六西格玛专家。这些专家经过有关质量的语言的培训——原则、概念和工具，跨越领域在企业内部流动，与不同部门、不同业务单元的人进行合作，以提升质量、降低成本。现在我们需要在创新方面做同样的事情了。"

这次轮到约翰拿过一张餐巾纸，他写下：

> 以创新的通用语言——原则、概念和工具——为切入点，
> 着手建设一个创新社群

迈克开怀大笑："约翰，我几乎可以想象你将如何和你

的管理团队开始行动了……事实上,当一个人不得不教其他人一些东西的时候学得最好……无论如何,你抓到点子上了。创新旅行的起点就是通过教会成员们创新的通用语言——原则、概念和工具,来创建一个社群。"

迈克笑着起身走向吧台,拿回了几支所有餐厅都会提供给小孩子画画的蜡笔和一沓餐巾纸。他坐了下来,并开始画一些图表。

有一阵子,他们就呆在那儿,一个在沉思,另一个在涂线画圈。这时服务员过来上了晚餐。年轻人的服务很温馨,上菜时也很小心,尽可能避免打扰到他们。当服务员离开的时候,他们都转过脸来冲他笑了笑。

"学习链的第一个环节已经解决,"约翰接着说道,"迈克,现在该帮我说说实践环节了。你是如何将所学付诸实践的?"

"很简单:这和我们生活中的方方面面都是一样的,我们必须通过实践才能使概念落地,直到它成为一种机械性的习惯。创新的过程也一样。如果实践不足,我们将会面临前期投入,即在教育上投入的资源被白白浪费的风险，我们将失去动力、耐心、压力……更糟糕的是，会无疾而终。为了避免陷入这一困境，我们需要敏捷的思维并且马上开始行动。在应用的过程中，最简单的办法就是不要拖拖拉拉，就像俗话所说的'学习捕鱼的时候就去抓条鱼'"。

"约翰，在现实生活中，学习和实践实际上并不是你先我后的。它们是也应该是同时进行的。实践的核心是把创意转变为机会的过程，它看起来就像这样……"迈克端坐在桌旁，将他几分钟前涂涂画画的纸推到约翰面前：

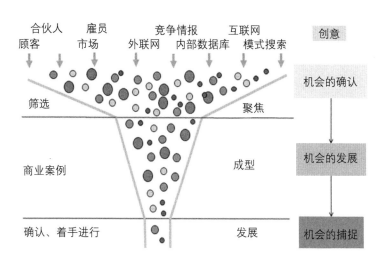

"用我们的**通用语言**来说，实际上我们已经开始**创新行动**了，这是一个由生成、选择和开发三个行动构成的系统流程，它能够使我们将创意转化为机会。阶段一：创意的生成和筛选。这个阶段提出的创意越多越好，当然要集中在我们所要创新的目标上。阶段二：细化那些经过第一轮筛选的创意。我们要深入分析这些创意，看看哪些更可行、更奏效。阶段三：给那些通过选择阶段的机会开绿灯；接下来要做的就是根据我们的资源和需求按轻重缓急安排项目的实施。"

"这听起来好像有些道理。"约翰自言自语道。

"是这样的。但如果没有安排周全的话，还是会有很多陷阱，会让所有的努力白费。"迈克强调。

"在创意开发的过程中，我们要尽可能地吸收那些能够做出贡献，描述他们的希望、梦想、利益……甚至是他们在组织中可能的等级或关系的人加入。这就是为什么听取供应商和顾客的意见，包括观察你的竞争者，是非常重要的。这里有几个障碍，除非明确地表达出来，否则人们会认为这些都是不值得去做的，或者即使表达出来了但却陷入了等级制度，又或者一些部门就像是组织的黑洞。因此我们需要一种机制能够让所有的人都表达出他们的想法，而这种机制必须具有'自运行'的特征并便于创意的开发和筛选。"

迈克抓起另一张餐巾纸开始涂写起来。

约翰看了一下餐巾纸，有些疑惑地问道，"迈克，可以帮我解释一下吗？我有些不明白。"

> 创意
>
> 不
>
> 是
>
> 机会

"约翰，要注意，对创意的筛选是一个痛苦且昂贵的过程。事实上，我并不喜欢创意这个词。首先，媒体、许多"白痴"学者的博客，甚至是一些知名的咨询师和学者都在滥用'创意'这个词，这使它变得更为混乱了。多数情况下，创意是随手可得的，企业实施这些创意是为了维持经营或跟上行业标准。而机会通过开发新市场、创造新产品/服务、构建新能力和（或）新的商业模式影响着收入和（或）利润。因此，你需要帮助人们理解创意和机会之间的区别。"

"简而言之，创意是一种意见……约翰，你有没有看过《警探哈里》（Dirty Harry）[1]系列电影？"

"我喜欢《警探哈里》。"约翰说道，"意见就像肛门，每个人都有，且总是散发出臭味。这是1988年《赌彩黑名单》（Dead Pool）里的台词。"

他们两个人同时大笑，迈克甚至拍着手尖叫起来。他们突然的响动把周围其他人的眼光都吸引了过来——明显有些不满。迈克马上收敛起来。

"当我和企业进行合作的时候，高管们经常向我抱

---

[1] 译者注：《警探哈里》系列电影，是20世纪70年代美国《新警察电影》系列的代表作。影片讲述了一名自称天蝎的杀手借着连续的暗杀行动向市政府勒索巨款，并扬言得不到赎金便要持续虐杀，警探哈里不计一切代价将凶手绳之以法的故事。整部影片情节紧张刺激，气氛逼人。《赌彩黑名单》是该系列电影1988年的片子，讲述的是哈里调查了一份奇怪的威胁名单，同时又爱上了一个电视记者的故事。

怨他们的员工没有好的想法。另一方面，我也从各个层面的员工那里听到他们在抱怨老板不倾听他们的想法。约翰，在你的企业里，你有注意到类似的情况吗？"

约翰突然变得严肃起来，不情愿地点了点头。他想起他也曾让他的管理团队提出一些变革的创意，但结果很不理想，现在想来他觉得有些脸红。

迈克接着说道：

"机会是那些可以给企业未来想从事的领域带来潜在增长的创意。多数高管并没有清楚地向他们的员工说明这种机会的空间。通常人们可能会提出了不起的创意，但就特定的企业而言，这些创意可能并不能转变为机会。因此，要让员工知晓企业想要竞争的大致领域、想要采用的主要方法，这会极大地提升这些机会的质量，也能更好地使机会通过筛选。"

"迈克，我理解其中的差别。先把机会放到一边，通常情况下，我们的员工并不愿意提出他们的意见，即使我们明确地向他们征求意见的时候也一样。纵然他们提了，但看起来也都像是无的放矢。"

"太对了，约翰！不要期望你的漏斗会被神奇地装满。请记住，他们并不掌握语言、概念和工具。因此多数企业的经历就是'垃圾进，垃圾出'"。

"是，你说得对！"

"除非你已经让相当一部分员工接受了至少基本的学习，否则你不能期望漏斗会被装满、会有意义。同样地，你也不要期望每个人都成为这个领域的专家。只有达成共识才能实质性地提升社群的整体性能。"

"此外，约翰，许多企业还犯了一个相同的错误。在起步阶段，有些高管自己并没有掌握创新的基础知识——也许是没有时间，也许是没有兴趣。这会给后续的发展带来危害，因为他们和周围的员工没有通用语言，却又要决定机会的取舍。首先，他们不清楚创新失败所带来的伤害。其次，这种无知可能会使得他们不欣赏，甚至阻碍/批判那些寻找机会的尝试和行动。这至少会直接引起以下三个方面的问题：（1）失去好机会；（2）员工会因为他们领导的不理解而感到沮丧；（3）优秀的员工会离开企业去实践他们自己发现的机会。总的来说，不能让无知的领导成为你漏斗里的障碍。"

"迈克，再来谈谈机会的性质怎么样？我之前也曾想过这个问题。我的高管们都很聪明，也很乐意和团队分享他们对机会的分析。但到了执行阶段，好像就没几个人愿意站出来；老实说，就没有人。"

迈克嘀咕道，"再一点，不要感到奇怪。"他带着点傻笑，继续说道，"这里至少有两个原因。第一个原因很简单。最优秀、最聪明的员工总是掌控着你最高产的部门或者说成熟的现金流项目，是不是这样？"他停顿了一下。

约翰思考了一下，回答道，"我想了一下，是这样的。除了个别之外，基本如此。"

"我确信他们的工作很满，每天都在"救火"。他们完全没有时间去做一些额外的项目。我说的对吗？"迈克问道。

"嗯。"约翰点了点头。

"第二个原因是害怕。"迈克抓过另一张餐巾纸写下了：

这是一个充满失败的漏斗。

"多数创新项目都失败了,这很自然。而多数高管害怕失败。事实上,他们是因为取得了一系列的成功才成为高管的。同时,在多数企业中,都会因为一个失败的项目而开除一些人。因此,高管们只愿意从事那些不确定性较低的项目,更不用说那些模糊的项目了。"

"迈克,我不理解你最后一句话的意思。不确定性和模糊有什么不同?"

迈克抓起另一张餐巾纸,写道:"所有的机会至少具备这三种特性中的一种。"

> 风险
>
> 不确定性
>
> 模糊

"从现有能力和现有市场出发,通常会得到一些项目派生出来的机会。一个很好的例子就是现有软件系统的更新。你已经控制了已知变量,过程和结果也是清楚的,但还是会有一些已知的风险。人们可以根据企业先前的经验和过往的数据，利用分析工具理性地估计这些可能性。"

"复杂一些的机会就涉及不确定性了。不确定性是'知道不知道'。涉及的变量通常是知道的，但它们的分布可能并不完全清楚。现成的例子包括为现有客户建立一个新的平台，或者将现有商业平台向外延伸到一些不同的客户。在这里，你要么拓展了商业模式，要么拓展了现有的客户群。"

项目组合 =

派生

+

平台

+

突破性进展

"最后一类，最复杂的机会则会涉及模糊。所谓模糊，指的是'不知道不知道'。在这些情况下，我们没有办法清楚地区分出哪些变量存在机会，可以给企业带来突破性的进展。企业或许可以在其他企业进行尝试之前率先探索出新的技术、新的商业模式，开创出新的客户需求。"迈克再次伸出手拿起了另一沓餐巾纸。

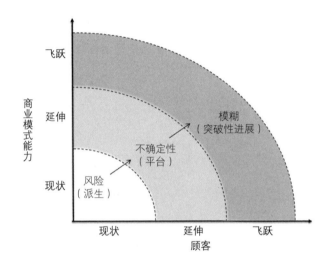

约翰将餐巾纸拿在手中，伸了一下懒腰。迈克以那么快的速度一下子说了那么多概念，他一下子有点接受不了。迈克让约翰用了几分钟的时间好好地研究那张餐巾纸。过了一会儿，约翰慢慢地抬起头，说道，"在已有项目的派生方面，我们做得很好。但在我的记忆中，我们很少接触平台层面的机会；在过去的十年中大概只有两次。另外，我们完全清楚只做派生性项目的局限性。"

沉默了一阵子,约翰多少有些歉意地说,"嘿,我会不会只顾着说我们的企业了?"

"约翰,不要对自己或团队过于严厉。只做一些修修补补式的渐进改革并不是你公司独有的。多数的大、中型企业都是如此。除非你的团队学会失败,否则不可能实现突破性创新。这是有关创新内容里我唯一可以向你保证的。"

约翰又陷入了沉思,迈克并没有打扰他。毕竟,学会失败是引导变革,也是踏上创新文化之旅的关键。

过了几分钟,约翰打破了沉寂,"我如何帮助我的管理团队学会失败?"

"非常好!约翰,你问对了问题!"

迈克接着说道,"你需要做两件事情。首先,在实践的过程中,他们选择实施的项目都是非常重要的。其次,在他们实践的时候,你需要为他们提供一个安全的、受控的环境,慢慢地他们就会找到平台和突破性进展的机会。你需要为他们提供安全的沙箱(sandbox)[1],让他们可以尝试和学习。如果所有的项目都成功了,他们也许就不会再追求进步了,每个人都会自我感觉良好,但他们就学不会失败。同时,如果所有的项目都失败了,那么即便你不追究责任,也会削弱团队的士气。"

约翰花了一点时间想了一下,回答道,"如果这个方法可行——当然我相信它可行,你要告诉我的就是这个阶段不停训练的目的是什么。"

迈克开心地鼓起了掌。

"太好了,约翰,我现在可以功成身退了,而你也可以回去把你的企业转变成创新机器了。"

---

[1] 译者注:沙箱是发生在谷歌排名中的一种现象,也就是谷歌会给新网站额外加上一定的分值,使得新网站的排名迅速上升(某几种目标关键字),随后的一段时间里(大概是一到三四个月),网站的排名就会逐渐下降,有的主要关键字排名甚至会消失,就如同沙漠里的沙流将周围的物体慢慢吞噬,所以业界给这种现象取名为沙箱。

"迈克，别取笑我！我很脆弱的。我很少在这么短的时间内暴露我的全部弱点。"

"好极了，约翰！勇敢的人才会承认这一点。当一个人对外敞开胸怀并愿意接受外来意见的时候，是他学得最好的时候。如果你或我知道所有的答案，那我们的讨论就会变得很糟糕！就像我前面提到的，我们是根据一个领导者提出的问题的质量来衡量他的好坏的，而不是答案。这一点多数高管经常混淆了。"

"迈克，我想关于创新文化我还有些不清楚的地方。好像少了点什么，我有种奇怪的感觉，好像创新技能和它有点关系。"

"又对了！"迈克回答，同时看了一下他的手表，将剩下的红酒均分到两个人的杯子里。

Chapter Five

第5章

创新文化

The Culture of Innovation

第5章 创新文化

天彻底暗了下来，也不知道几点钟了。约翰感觉有些累了，另外也多少有些担心要怎样走回宿舍。但是因为害怕偏离话题，他没有向迈克说出他的顾虑。此时，约翰已经清楚了创新的流程和活动，同时也对技能是通过重复实践培养出来的这一观点表示认同。但他希望迈克再进一步阐述从"知"到"行"到再"自觉"的过程。

他小声地问道："迈克，请帮助我跨过从"行"到"自觉"这个阶段，我怎样才能使我的企业从有意识的能力发展到无意识的能力？"

"约翰，大多数初创企业和小型企业一旦拥有了创新，就可以在行业中立足。它们需要做的只是在市场中发现一个机会以进入市场并茁壮成长。不幸的是，已有企业和成熟企业要生存和发展，就需要不断地依靠机制发现机会。你不能创新一次就希望你的企业能够永远收获这次创新的成果，这就是技能派上用场的地方。"他拿过另外一张餐巾纸并潦草地在上面写了些字。

"请记住，总体目标是要建立一种创新文化，而文化是产出，也是结果。"

"迈克，这是什么意思？"

"约翰，要理解这一点，那就回忆一下我们今天在会议上讲的内容，我们讨论了其他管理学科是如何随时间而发展的，特别是，我们谈到的'质量管理'的发展。"

"是的，是的，迈克，我想起来了，很显然这种实用的、全面的方法促使质量管理的关键原则和方法在世界上大多数企业中得到了应用。"约翰回答道。

"最重要的是，质量管理成为一种训练有素的活动——精心选择且坚持不懈，并具有很高的可预测性。"迈克回应道。

技能＝

精心选择

＋

坚持不懈

"**精心选择**意味着目的性和系统性。精心选择是有目的的活动。有目的的活动就是希望得到特定的结果,它有着中介目标、针对性的辅导、结构化的支持系统和可计量的反馈。系统性是指有组织、全面、严格、彻底。**坚持不懈**意味着一旦下定决心就要坚持到底。换言之,它指的是勇气和毅力。"迈克声称。

迈克快速地补充道,"类似地,建立创新文化也是一种有目的的、系统规划的、有组织的活动,它在一定程度上也是可预测的。"

"迈克,如果像你所说的,创新是有章可循的,那么为什么创新仍旧未被更为广泛地实施?创新活动没有变得更为普遍?"约翰问道。

"约翰,这是一个非常好的问题,"迈克一边点头一边回答道。

"有好几个原因,其实在前面我们也已经触及了这些原因。首先,我们目前对创新的理解相当于 20 年前我们对质量管理的理解。对创新的兴趣、研究和课程都只是在最近 20 年才呈现出爆炸式的增长。它的动力主要来自互联网的出现对几个行业——音乐、媒体、电话、零售、预订和金融服务等——的传统商业模式的生存能力造成的威胁。大多数在今天掌管大型企业的高管,在他们读 MBA 时从来没有上过创新方面的课程,结果,他们中的一些人对创新表示怀疑,另一些人对创新感到害怕,还有少数人对创新根本无动于衷。"

"约翰,你还记得刘易斯·卡罗尔的小说《爱丽丝梦游仙境》(Alice in Wonderland)吗?"

"我记得,但这本书和创新有什么关系?"

"有这样一个情节,爱丽丝在地下世界迷路了,她感到很惶恐。这时她来到了一个岔路口,在附近的一棵树上看到了柴郡猫。柴郡猫嘲笑爱丽丝迷了路,爱丽丝转向柴郡猫,问:'你能不能告诉我,我应该走哪一条路?'"

柴郡猫回答道:"这在很大程度上取决于你想要去什

么地方。"

爱丽丝回答:"我不在意去哪里……"

接着,柴郡猫说,"那你选择任何一条路都可以。"

爱丽丝想了一会儿,说:"……只要能到某个地方就行了。"

柴郡猫说:"噢,如果你走得足够远,那你就肯定能到。"

迈克感到四周非常安静。餐厅里几乎所有的桌子都空了,没有了其他声响更加深了寂静的感觉。约翰饶有兴致地听着这位新朋友的谈话,他总是有说不完的故事,这些故事又是那么有趣。长时间的沉默之后,迈克又开口说话了。

"约翰,在这段对话里,我喜欢两个词,爱丽丝'渴望'(longing)到某个地方,这就是愿望,是饥渴;第二个词是漫长(long),也就是这是一段'漫长'的旅行。"当他说完这句话的时候,他又抽出了另外一张餐巾纸。

"迈克,关于愿望和纪律,你前面曾提到过。"约翰一边读着餐巾纸一边说。

> 创新 =
>
> 渴望（Long）
>
> +
>
> 漫长（Long）

"没错，约翰，如果不渴望创新，你是不会踏上这段旅行的。这就是渴望（愿望和饥渴）将使你自律（坚决果断地）努力坚持到底。如你所知，绝大多数高管团队既没有愿望也没有能力走完这一段枯燥乏味的旅行。组织增长是一项艰巨的工作，而用钱去买增长却更为容易。同样地，相对于创建一种创新文化，用钱去买创新也更为容易。"

"但是迈克，我不同意你的观点，你所说的高管似乎都投资于像六西格玛、ERP、并购整合活动等漫长且乏味的项目了，你对此如何解释？"

"约翰，你的问题问得很好。你还记得我们今天在会议上讨论的一点吗？什么是创新，以及创新和其他管理学科之间的差别是什么。"

"啊！是的，迈克。对不起，我想我可能有些累了，没有办法记住今天一下子学到的那么多信息。"他停了下来。

迈克试图消除约翰心中的疑点，说："我们得接受这样一个事实，创新在很大程度上和右脑有关，这有别于其他管理哲学和管理科学。此外，请记住，所有这些学科都是在泰勒科学管理理论的基础上发展起来的，在过去的100年间开始变得普及，并成为生产管理领域的普遍方法，同样的原则和方法也被用在激励上。"

"是的，迈克！制造业不就是靠这种'胡萝卜'加'大棒'的激励方法提高生产力的吗？"

"噢！绝对是这样的，在已知技术、产品、客户、流程和结果的前提下，它们仍然能够发挥很好的作用。但是，今天这种激励方法已经失效了，特别是说到创造和创新的时候。在知识的世界里，创新是一项以知识为基础的技能，传统的'胡萝卜'加'大棒'的方法已经彻底过时。今天对于管理着知识劳动者的企业高管来说，他们唯一能做的就是营造一种可以使人们自发创新的氛围。"

"迈克，我怎样才能在我的企业中营造这种氛围呢？事实上，这就是我为什么花一个星期的时间来参加这个会议的主要目的。"

"约翰，让我们再深挖一下我们今天上午讨论的左脑和右脑的要素。我们往后看一些，最近5年你们企业启动的最重要的项目是什么？"

"嗯，我们建立了一个ERP系统。"约翰回答道。

"约翰，告诉我，你们是怎样开展这个项目的？"

"这是一个对企业有战略意义的重要项目，我们事先做了许多的研究和规划。我们和咨询顾问以及潜在的供应商进行了讨论，我们的项目领导团队走访了一些上马过类似系统的企业——它们和我们没有竞争关系。接着我们挑选了供应商和实施者，制订了项目计划。然后我们开始执行这个项目。我们清晰地分配了预算，基于特定的策略性结果设立了务实的阶段性目标，并且挑选出了有意义的关键业绩指标（KPI）以便实施和测量。"约翰说的时候脸上露出了难以抑制的自豪感，这表明他对他们所做的工作感到非常骄傲。

"祝贺你,约翰!看起来这个项目非常成功。"

"是的,迈克。"

"约翰,在项目实施的过程中有没有出现过或大或小的问题?或者实施的过程一帆风顺、毫无瑕疵,最后的过程和结果恰好就是你的团队事先预测的那样吗?"

"噢,迈克,你怎么能这样想?我们不是魔术师,我们当然出现过几次问题和纰漏。"约翰说。

"你们是如何处理这些问题的?"迈克问。

"我们投入了大量的时间、金钱和精力以确保我们能够回到正确的轨道上,实现预期的目标,这种情况发生过好几次。"约翰回答。

"在项目开始时你们能够预见这些问题吗?"迈克询问道。

"噢,当然!虽然我们不总是那么精确,但这个项目的大部分都如我们所希望的那样运行着,现在想想只有两件事情出乎了我们的意料,更没有想到它和人的行为大有关系。"约翰说。

"非常好,约翰!你已经精确地描述了一个我前面所说的具有高度不确定性的复杂项目。今天我们的高管在这方面已经得到了很好的训练——不论是在MBA项目中,还是在他们的管理活动中——如何处理这种类型的问题。在处理这种类型的问题时,我们首先要做一个STEP(社会、技术、环境、政治)环境扫描,接着做一个SWOT(优势、劣势、机会、威胁)分析和价值链分析,然后提出一个战略计划并开始执行。这种处理未来不确定性的方法被称为'分析策略'。这种传统的战略规划只是我们处理未来不确定性的方法之一,这种方法的主导逻辑是在行动之前进行分析,运用已有的知识和分析模型来预测项目的过程和最终的结果。"迈克说完后,停下来喘了口气。

"迈克,我不明白你说这些要干什么。"约翰有些不耐烦地说。

"当我们在处理那些'知道知道'和'知道不知道'的项目时,应用分析策略会取得很好的效果。当企业处于平稳的环境,比如能够以两位数的速度增长并获得大量利润,但利润会因为短期的干扰而波动的时候,这个方法仍旧是适用的。我们称之为'预测性逻辑'(predictive-logic),这种分析能力全部都是通过运用左脑的功能实现的。不幸的是，今天的企业领导人要处理更加复杂的项目，也就是'**不知道不知道**'，这些项目充满了模糊性和高度不确定性，要运用只在复杂和不确定的项目中才会发挥作用的工具和技巧。因此，大部分在采取行动之前就完成的分析通常是错误的甚至是完全误导的，例如基于错误的变量分析来预测趋势最后肯定是错误的。在这种情况下，大部分时间里的业绩与预期都是不符的，正如你所说的，你们要投入大量的金钱和精力来重回正轨。最后，在一而再、再而三的失败后，预期落空，你自己也晕头转向了。对于充满高度不确定的'**不知道不知道**'的创新项目而言，基于预测性逻辑的工具是完全不适用的。不幸的是，管理人员还在用纯左脑的视角来完成与右脑密切相关的创新活动。"迈克总结道。

"哇！但是迈克，我从读 MBA 开始一直到后面工作的每一家企业都被这种精确的战略规划方法洗脑了，而你现在告诉我，使用这种方法处理未来的不确定性是错误的。"

"约翰，不要有被欺骗感。这些方法仍然每天都在大部分商学院讲授，并且是企业使用最为广泛的战略。我再次声明，使用这种方法处理未来的不确定性仍然可靠，但仅适用于处理某些问题，适应于某些特定的情境。"迈克强调说。

"好吧，迈克，我明白了，我也明白了风险、不确定和模糊这三者之间的区别。到目前为止，你只是告诉了我什么样的创新方法是错误的，但是，你还没有告诉我怎样进行创新。在'**不知道不知道**'的情况下，我们该用什么样的方法进行创新？在模糊的环境下，我们又该如何对未来进行决策？"约翰问。

迈克放慢了语速，说道："创新者和企业家根本不用这种方法来处理'**不知道不知道**'的问题，他们在采取行动时并不会仅依赖分析模型和预测模型。根据情境的不同，企业家要么使用预测性逻辑，要么使用创造性逻辑。在创造性逻辑方面，他们首先会采取行动来创造目前还不存在的数据。他们趋向于考虑大问题、从不同的角度考虑问题，但是会从小问题入手，且通常只运用他们手上已有的资源。他们可以同时运作几个项目，通过快速建立模型来测试是否可行，通过在市场需求和供给之间建立快速反馈回路来验证概念，通过快速失败、低成本失败和快速学习来发现未知因素。当现实与假设不一致的时候，他们会迅速改变方向，只有在初步成功的基础上，也就是概念被验证的情况下，他们才会注入资源和资产来迅速地扩大规模。"

迈克继续说道，"总之，在预测性逻辑中，分析先于行动；而在创造性逻辑中，行动先于分析。我们称后一种方法为面向未来的权宜策略。"他拿出另外一张餐巾纸，在上面写下了实施权宜策略和创造性逻辑的一些步骤。

> 考虑大问题，换个角度考虑问题
> 从小处着手，同时开始多个项目
> 快速建立模型
> 快速失败，低成本失败，从失败中吸取教训
> 快速学习
> 概念验证＝需求的声音＋供给的声音
> 只有在概念验证得到积极的结果之后才投入资源实现规模化
> 和庆祝成功一样庆祝失败

约翰看着迈克递给他的餐巾纸,想着迈克说出的话和写下的字。他凝视着餐巾纸,一行一行地分析着上面的内容,试图将自己的现实处境与之进行对照,想象着自己的公司有哪些部分和这个理论一致,有哪些部分和这个理论不一致;哪些是已经经历的,哪些是可能要经历的。

约翰缓慢地说道,"我认为这种思维方式有用,但它和我以前学过的、听过的,甚至是做过的都完全相反。"

从约翰的反应中,迈克感到他有些不愿意相信这种权宜策略和创造性逻辑的观点。于是,他抽出了另外一张餐巾纸,并开始在上面写一些东西。

"约翰,对于权宜策略和创造性逻辑有以下事实,90%以上的创新是从错误的方向起步的。事实上,正如咨询公司的研究所显示的那样,不管经济处于繁荣还是衰退时期,大部分创新在起步时都没有获得资助……"说话间他把餐巾纸递给了约翰。

"是的,迈克,"约翰说,"我记得你在今天的会议上给大家说过这一点。"

> 90%以上的成功的创新起步于错误的方向。
>
> 如果金钱和时间足够多,企业会在错误的方向上越走越远。
>
> 不管经济形势好坏,大部分创新在起步时都没有获得资助。

"约翰,你要记住这些数据都是很新的,许多企业高管并不明白这一点。"

在长时间的停顿之后,约翰又开口说话了,"迈克,我怎样才能帮助我手下的高管克服怀疑和恐惧?我们怎样才能学会应用权宜策略和创造性逻辑?"

"约翰,这种创造性逻辑并不是新事物。尽管我们可能并没有意识到,但实际上已经在应用它了。在过得很舒服的时候,我们会小心行事,以避免冒不必要的风险。它有些类似于 DIY(do it yourself)。假想一下,你进入了木匠行业,你会从简单的修理起步,开始一些简单的木匠维修活动,并拥有必备的工具。如果你失败了,你仍然会保持对木匠的兴趣,并总结经验。你又开始重新尝试,这一次你可能会购买新的、更复杂的工具。一旦你明白了成功的诀窍,你就会将你的兴趣从维修扩展到更为复杂的木匠活动上。同样地,当我们开始进行创新活动时,我们实际上和上述的木匠爱好者是一回事。我们将不得不付出少量的代价来从我们的错误中学习,迅速地将我们的想法模型化,进而在创新的过程中不断地取得一步步的小成功,并以此不断地激励我们,直到我们创建前面一直谈论的创新文化。这种方法会确保创新不会成为一种高风险的冒险,并且能够建立一种健康的、具有激励性和生产力的创新文化。所有的创新流程一定要受到时间和资源的双重约束,而且一定要有利可图。"迈克总结道。

"但是,迈克,这种创造性逻辑的核心是权宜策略会不断地失败,创造性逻辑的核心是不断地尝试。现在我和我的高管们必须学会如何失败,只有这样中层管理者才会愿意积极尝试。"

"约翰,你的观点完全正确。但是,要记住一点,需要运用一些方法来对其进行管理。例如,你需要将个人和项目分开,项目属于团队而不是个人。让我们再想一下右脑的构成要素。"

第5章 创新文化

"在今天的会议上我对一些最新的研究成果进行了总结,你还记得吗?"

"你说的是那些令人失望的创新结果吗?"

"正是,你认为这些结果会令我感到惊讶吗?不会,正如我前面所说的那样,高管人员用他们所习惯处理其他活动的左脑来处理创新:投入大量的资源,建立流程并通过使用一堆指标来跟踪进展,即成功的定义。所有这些要素都是必要的但不够充分,大多数企业完全错失了关键要素。拥有正确的企业价值观并营造一种鼓励企业家行为的氛围,是最终决定创新活动成败的关键。但只有较少数的企业将注意力投向了右脑要素,如价值观、行为和氛围。"

"下面,让我们来做一个总结。我们先分解一下创新文化的构成要素。"迈克一边说一边抽出了一张之前写过字的餐巾纸,并在上面画了起来。

"约翰,关注一下创新文化的这六个基本构成模块。左脑模块和右脑模块正好验证了我的想法,上面的四个模块——资源、流程、价值观和行为——是投入,而下面的两个模块——成功和氛围——是产出。每当一个企业取得成功时,六个模块中的每一个要素都会得到强化,这种强化机制在每一次成功时都会发生。最后,它们紧密地交织在一起,最终形成的东西就叫作文化……让我带你了解一下这六个模块的含义。"

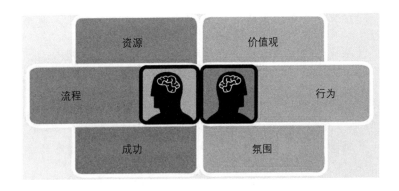

价值观:从创新的角度来看,价值观意味着我们要追求什么,我们要为什么而战?企业的基本信念是什么?企业最喜欢什么?他们会在开发、分享、团队协作、追求标新立异、未经分析就行动之间变动。价值观也是企业的道德指南针,通常我们可以通过观察企业如何消耗金钱和时间这两个关键的资源,来推测一个企业的价值观。

资源:指的是我们用什么来支持我们的创新努力,一个企业的资源至少有七个维度：（1）高管——有意愿并知道企业内部创新的重要性，并愿意为此提供时间、空间和金钱的高级管理人员。（2）专家——拥有将创意转化为机会，以及将机会转换为市场经验的人。他们还是天才员工的教练。（3）天才——他们可能是创造者、发明者、科学家或创意的开发者。（4）系统——将天才、专家、财务和流程整合到一起的资源。它还将外部生态系统——供应商、渠道和市场接入了企业。（5）时间——相对于学习、试验和追求疯狂的事情来说，时间通常是企业内部最为稀缺的资源。天才不得不放弃他们的日常活动以便专注和追求非常特别的增长机会。（6）金钱——通常对培育创新非常重要，要承认这样一个重要的事实，那就是既不能让创新活动"挨饿"，也不能"喂得太饱"。（7）空间——开发创意和机会的场所，要让它和企业的日常经营活动相分离。

行为：指的是为了培育创新，我们如何思考、入手和行动。每个人——从高管到员工的创新行为包括积极抓住机会、灵活、适应、合作、弹性，在不确定的情况下做出大胆的决策以及处理模糊性。这些行为可以被学习、练习和传授且不需要预算和许可。最重要的是，要记住领导者的工作是激励、承诺和授权。

流程：指的是我们如何让创新落地。建立一个漏斗来捕捉创意，从创意中筛选机会，从一堆机会中筛选出最好的机会。一旦发现机会，开始几次小规模的试验，迅速做出模型，快速失败、低成本失败、最后从失败中吸取经验，一旦看到成功的迹象，就迅速地扩大规模。

氛围：指的是在这家企业工作的感觉如何？企业的氛围是否有助于创新？它是充满生机、朝气蓬勃的，可以刺激和鼓励员工把握机会，有助于员工学习和反思，而且不压制员工的独立思考。对企业氛围的最好测试是问一个问题，"员工是否对每天都来上班感到很兴奋？"

成功：指的是我们如何衡量我们的创新成果。在企业内部如何定义成功？如何衡量成功——是过程还是结果？如何奖赏成功？我们能够容忍失败吗？我们会鼓励学习、试验、失败和反馈吗？对成功的衡量将会决定我们的行为和流程。一旦我们有了成就感，就会进一步强化我们的环境、价值观、流程和行为。连续的成功会进一步强化这些要素，随着时间的推移，这些要素会形成一个整体，且有时会固化，这就是文化！

约翰对这个模型的精炼以及支撑它的逻辑感到惊讶，这个令人感到惊讶的想法为什么他自己没有想到。总而言之，他认为这个模型很简单。

又是一段长时间的沉默。

"迈克，你之前说过这些。你说文化是结果，但是，文化是不是一种投入？对任何一个企业来说文化是不是给定的？如果不是，那又是什么？"

"约翰，文化是成功的结果，我来给你举一个例子。假设你为一家初创的小企业工作，在企业发展的早期阶段，没有文化。然而，企业的创办者有自己的行为和价值观。假设没有人购买这个企业的产品和服务，那么很自然地，这个初创企业会改变它的方法和流程，甚至是行为。但是，还是没有人购买企业的产品，于是，这个企业会再次改变它做事的方式，因为它是有弹性的和灵活的。让我们假设一下，在几次之后，突然有一些顾客对企业的产品表现出了兴趣，那么，这个企业就有了第一次成功，你认为这个企业的员工接下来会怎样做？"

"噢，迈克，很显然，他们会努力地重复导致他们第一次成功的那些行为、流程以及资源投入。"

"确实如此，他们会重复导致上一次成功的那些事情。接下来，有更多的客户排队购买他们的产品和服务，然后会发生什么？"

"那么，他们现在会想，他们已经得到了一个成功的公式，然后会重复使用这个公式。"约翰用一种热切的声音回答道。

"好极了，约翰！随着每一次成功，这些要素会不断调整、不断强化，上述六个基础模块便因此得到确立，并最终形成公司的DNA，我们称之为什么？"

"文化！"约翰叫了起来。

这段对话之后，约翰又陷入了沉思。迈克很享受这一间隙，放松地抿了一小口葡萄酒，他相信约翰已经取得了一些进步。但是约翰的感受却不一样，虽然他很喜欢迈克所说的许多概念，但在内心深处，他还没有彻底信服。一些东西还在困扰着他。到目前为止，全部的讨论似乎是过于浅显了，对约翰这种过于谨慎和怀疑的人来说，这一切听起来太简单了，他可不想被一个包治百病的推销员所欺骗。

第 5 章 创新文化

在几分钟的沉思之后,约翰想拿定主意,他犹豫地说,"迈克,创新应该要比你刚才所说的复杂得多……我不相信会这么浅显……好像有些太简单了……我拿不准……呃。"

"同意!同意!约翰,好想法!"迈克打断了约翰,好像他正在期待这一时刻的发生。这种反应让约翰感到有些奇怪。迈克向四周看了一圈,约翰搞不清楚他是在看建筑物的屋顶还是附近的树。此时,迈克说了声抱歉,然后起身向一座小停车场旁的一棵大树快步走去。一分钟后,迈克手里拿着一颗漂亮的松果回来了,他问约翰,"约翰,你喜欢这颗松果的形状吗?"

"噢,是的,迈克,这颗松果很漂亮。"

"约翰,你认为这颗松果的结构是简单还是复杂?"

"迈克,很显然它很复杂,这是什么意思?"

"约翰,你知道它是怎样变得如此复杂而且漂亮的吗?"

约翰立刻想起了一件事情。几个月前,他看到他的小儿子在做一个班级项目,这个项目是斐波那契数列和它在自然界中的普遍存在——美丽的贝壳图案、花、果实和植物。他很快地回答说,"这是斐波那契数列,我明白你的观点了,迈克,简单的镶嵌和分形会产生美丽和复杂的形状。"

"对的,约翰,这就是复杂的规律。大多数西方音乐是由七个音节构成的;人类已知的最复杂的结构DNA是由五个基本要素构成的:碳、氧、氢、氮和磷;所有的数学都是由两种基本的运算构成的,数字化世界里的每一个事物也是如此。只有极度的简单才能解释复杂,你需要将复杂分解为基本的构造模块,只有这样,你才能理解复杂系统。一个人应该试图理解和发现复杂系统的要素或基本构造模块。"

约翰似乎被迈克话语中的某些内容点燃了。迈克移动到椅子边缘,面对着约翰,看着他的眼睛,继续用一种简洁的方式说道,"学者、咨询师、政客、公务员以及所有的专家——律师、税务会计师、工程师、医生——都喜欢将事情复杂化。首先,这会让他们有机会炫耀他们的知识,而更有可能的是,这是他们保住饭碗的方法。因此,人们通常喜欢将事情复杂化,他们喜欢用复杂的方法来解决复杂的问题。然而,为了更深入地理解事物,你必须能够将之简单化,这种简单化可以让你发现美。

迈克舒服地靠在椅子上,像一个拳击手在赢得一个回合之后,回到了他的椅子上一样。但是约翰还是不愿轻易地投降,他见多了那些花言巧语的咨询顾问,以及满口跑火车的所谓的学者。然而,眼前这位高深莫测的教授似乎进一步提升了他的分辨能力,但他还没有完全信服。

这一次沉默的时间相当长,但约翰不动声色,并没有流露出他的不自在。他再次缓慢而平静地说道,"迈克,回想一下流程再造、平衡计分卡、经济增加值(EVA),这些概念曾经都很流行。你不认为目前对创新的大肆宣扬不也同样如此吗?试图推销各种创新玩意的咨询顾问以及学者一直围着我,他们的书、软件、方法一直在爆炸式地增长,你不认为这些也会很快地过时吗?"

迈克再次露出了那种约翰不太喜欢的自以为是的笑容,说道:"约翰,你可以不赶潮流,我完全同意咨询顾问和学者连自己的问题都解决不了的看法。但是你必须记住管理学科、原则、概念和工具之间的关系。首先,战略、营销、财务、运作管理等，全部都是学科。在每一门学科的内部有原则、概念和工具。你要注意的是学科比原则更持久，原则比概念更持久，而概念比工具更持久。例如，在质量管理活动的早期阶段，主导性的概念是发现问题，而主导性的工具是抽样。随着时间的推移，主导性的概念又变成了质量保证，而主导性的工具则变成了错误预防。所以，概念和工具是有着周期性和阶段性的特点的。

其次，创新是一门学科。所有的学科有一个基本的目标，一个深远的目标。会计学的基本目标是为企业的所有活动做记录。创新的主要目标是创造新的产品、服务、市场、商业模式或文化，这将会彻底改变竞争游戏，使其向着对你有利的方向发展。创新文化的目标是长久的，它是你获得长期竞争优势的唯一来源。

最后，营造一种能够使人们自然而然地发挥创造性和捕捉重大机遇的氛围的基本原则五百年来基本上没有改变。在意大利文艺复兴时期，罗棱佐·美第奇将画家、雕刻家、哲学家、建筑师、工匠、科学家、作家集聚在一起，打造了一个新创意的孵化器。18世纪晚期和19世纪早期，咖啡厅是创新和实验的热土。在伦敦，咖啡厅里诞生了保险、博彩、联合股份公司领域的新商业模式以及科学领域的新发现；在巴黎，咖啡厅是政治反对派活动以及最新的艺术和文学活动的阵地；在威尼斯，咖啡厅里诞生了诸如实证主义和心理学这种新思潮——弗洛伊德在维也纳的伯格斯却斯的星期三沙龙——以及像克里姆特的分离派运动产生的许多新的艺术形式。20世纪早期，爱迪生在位于新泽西州门罗公园的发明工厂里组织了一个由多领域的高水平专家组成的团队——一个从英格兰来的机械助手，一个数学家，一个瑞士钟表匠，一个德国玻璃器皿制作者，以及木匠、机械师和一批普通的实验室助手。今天，在班加罗尔、上海、硅谷、新加坡和特拉维夫发生的一切和那个时候相比并没有什么差别。"

迈克说完后，又慢慢地靠回他的椅子。

Chapter Six

第6章

开始旅行

Starting the Journey

第6章 开始旅行

酒杯已经空了。

"约翰,已经很晚了,我们该回去了。我建议你将这些纸整理一下,把我们所说的文字的、数字的信息再消化一下。"

迈克将桌上的餐巾纸放在一起,按顺序叠好,并把它们像一份珍贵的礼物一样地交给了约翰。确实在这么短的时间里他们讲得太多了,约翰需要时间来消化一下才可能将它们变得可以应用。

他们叫服务员来结账。此时,约翰已经很疲倦了,但他还想再进一步了解一下迈克,他问道:"迈克,你为什么会对教学如此着迷?"

迈克又重新靠在了他的椅子上。他天生健谈,如果你问他一个问题,就相当于在他的面前打开了一个世界。

"噢,约翰,因为我对做其他事情都不擅长!"他们两个都发自内心的大笑了起来，迈克只要一大笑就会拍着自己的双手。

迈克接着说道，"不，约翰！严格地说，我喜欢学校的环境。在这里，你有足够多的机会可以和那些领导和管理着全球化大企业的人接触，他们有着令人难以置信的能力，能够解决非常困难的问题，并试图使人们的生活变得不一样。事实上，在今天，地球上流行最广泛的哲学不是宗教，而是管理。管理、管理的原则以及无所不在的管理活动影响了世界上绝大多数的人，并影响着整个地球。因此，作为一个教授管理学的人，在教授领导者和经理们的时候，我是非常认真且严肃的。"

"约翰，告诉你一个秘密，我这辈子从来没有工作过一天，也没有一个真正的工作，我这辈子只是一个学生和一个学者。我想我只是喜欢学习。"

约翰欣赏迈克对管理的洞察力，更令他难以置信的是迈克竟然没有实际的工作经验。但当他刚想开口说话的时候,迈克又继续说道,"我从教室里学到了很多东西,尤其是当整个教室里都是主管和经理的时候。相信我,约翰,我脑袋中的那些原创性的想法和所说的那些新奇的词汇都是受到了一些伟大的人物或者真正的天才的影响而得来的。我要做的只是观察、聆听和学习在我周围的最好的想法、概念和工具,并且看看怎样才能将它们用新的方法包装和展示出来,让广大听众接受——我很幸运拥有——从混乱到清晰。因此,当我在教的时候我学得最好。"

"事实上,约翰,我们都差不多,对人们来说,最佳的学习方法是教给别人一些东西,例如一个概念或一个技巧。"迈克说。

约翰是个爱学习的人,他再次被迈克的最后一句话触动了,现在他已经知道,迈克会随时说出这些话。这些话乍听之下,要么让人觉得毫无意义,要么让人觉得极其深刻。所以,他赶紧问道:"迈克,这是什么意思?"

这时服务员走来送还约翰的信用卡,感谢他们在此用餐,并祝福他们度过一个愉快的夜晚。迈克站起身来,约翰拿回了信用卡和收据,并开始收拾桌上的笔记和纸,他小心地按顺序将这些载有迈克思维的餐巾纸整理好。

突然,迈克从约翰的手中拿过全部的笔记和纸,并将它们混在一起,然后还给了约翰。

"迈克,你这是在干什么?"约翰叫道。"这难道是你的另外一种教学技巧?如果是的话,这并不好玩。你知道我花了多长时间来破译你的想法吗?更不用说,我还要把它融合到我的工作中去。"他提高了声调,对迈克草率的行为表示惊讶。

"正是这样,约翰,在这一点上你要相信我,请再听我一次。事实上在今后你要感谢我。不管怎样,你为什么要这么担心,记得打电话或通过skype和我联系。"

约翰很快就冷静了下来,他站起身来,有点讽刺地问道:"我们该怎样回到宿舍,苏格拉底教授?"

"噢,不!请不要叫我教授,这意味着太多的责任。如果你明白我的意思,你知道我和你一样是个学生,请叫我迈克。"

"好的,迈克!"约翰说。尽管他有些好奇,但他不想顺着刚才迈克所说的责任重大的思路走下去,因为这会让迈克从前面没有完成的讨论中分神,他随后又重新陷入了沉思。

在食物和葡萄酒的作用下,他们两个慵懒地向着小镇的广场走去。

"让我想想,"迈克站在广场的中间说,"现在,我们已经到达了小镇的外围,我们有两种回去的选择,要么通过那片榆树林原路返回,要么走右边那条路程有些长的小路。"

迈克不等约翰回答就开始走了,约翰也沉默地走着。他们走到了小镇的边缘,看来迈克最后选择了那条和高速公路平行的小路。

约翰一边走一边沉思,他背着手看着迈克,希望迈克的思路能够重新回到先前被服务员打断的轨道上来。似乎迈克需要有一个助推力将他推回先前的讨论上。约翰的提问打破了沉默,"迈克,告诉我,为什么最佳的学习方法是我们教给别人一些东西,例如一个概念或一个技巧。"

"啊!抱歉,约翰,我忘了我们刚才说到哪里了,我猜我一定是累了。"

"不必道歉,迈克!实际上,我也要为我不停地用各种问题来骚扰你而道歉。"

"也许,是搅乱笔记事件让我分心了",迈克笑着说,约翰也报以一笑。

"啊!事实上现在该轮到我来问你了。告诉我,约翰,你是一个爱读书的人吗?你是不是读了很多报纸、杂志和书?"

"你在开玩笑吗?我又不是买不起书,我像一个疯子一样热爱阅读。遗憾的是,我希望我有更多的时间来阅读非商业性的书籍,但是及时了解商业世界里发生的事情已经够我应付的了,所以我没有时间去读那些真正让我感兴趣的东西。"

"约翰,不仅你是这样,多数高管都是这样,实际上许多读者都有这个问题。姑且不提你需要了解的日常新闻和常识,我们只看那些你不停阅读的商业文章和书籍，在你读过的东西里，你能记住多少，更别提能用到多少？"

约翰陷入沉默。他们只能听到他们的脚步声和附近高速公路上传来的嗡嗡声。迈克转过头来等待着离他一步之遥的约翰的回应，好像他正期待着这个答案似的。他鼓励约翰道："不要担心，直接点。"

约翰有些害羞地问道："为什么会这样，迈克？为什么我不能运用我所知道的和我所学到的知识？而且，请告诉我，为什么不只有我是这样的。"

"噢，约翰！不要担心，你不是唯一的，大多数人都这样，我过去也一样。事实上，是我教过的一个班上的一位高管建议我读的一本书，改变了我的生活。过后给我发个邮件提醒我一下，我会将这本书的链接转发给你。"

"所有的数据和信息，不管是我们被动获得的，还是主动吸收的，都不是真正的知识。对于我们中的大多数人来说，这些信息多数与我们的生活和事业无关，即使感到它们或许有用，我们也会寻找诸如'啊，我们的业务与之不同，或者它不会在我的领域发挥作用，或者环境有差异'之类的借口来拒绝它们。人们总是感到自己是独特的、与众不同的，这是人类的本性。这样，世界上所有的人都更多地聚焦在彼此之间的差异上，但事实上，我们彼此之间的共性要远高于我们所认识或承认的。这样，我们就会倾向于除非直接得到第一手的经验，否则就会排斥所有的想法和概念的做法，这正是大多数研讨会的与会者不会按照新信息采取行动的原因。"迈克强调说。

迈克接着说道，"然而，如果你看到的信息正好和你试图解决的问题相吻合，那么在这个时候，所有的数据和信息都会转换成知识。并且，知识会触发思考和反省。而这正是你目前的体验。你带着想了很久的问题来参加这个项目，只有在这种情况下，你才会开始相信这些概念和想法，即使你先前已经思考过它们，甚至是多次思考。只有在第一手的体验之后，而且只有在你对体验进行反思并开始将之联系起来，或将你的体验和技巧传授给他人的时候，这些信念才会扎根、精炼和固化。这是真正的学习。这就是讲故事和辅导在引领变革中占如此重要部分的原因。除非你学习，否则不会发生变革。"

又出现了长时间的停顿，"迈克，你是不是要告诉我得将这星期所学到的东西教给我的管理团队？"

"对！约翰，请记住，如果你想开始这一段旅行，你必须成为你们公司的CEO：首席布道官（Chief Evangelist Officer）。出发吧，首席布道官！"他们两个都笑了起来。

"约翰，如果连你自己都不相信，你是无法让其他人跟随你的。如果连你自己都不相信，请不要开始这一段旅行。"

"噢，我的天！迈克，你这狡猾的家伙。"约翰开玩笑地拍着迈克的肩膀。他这么做是因为他确信自己比迈克要大几岁。

约翰似乎有了一种顿悟的感觉，迈克一边笑一边等着他继续说下去。

"迈克，现在我明白你为什么要将那些笔记混起来，你希望我对它进行详细的分析、整理和理解，理出自己的顺序，相信它，并给我的管理团队讲故事。"

迈克很高兴地听着这位新朋友的深刻见解。他对约翰如此快的学习速度感到惊讶。最为重要的是，迈克敬佩约翰开放的心态，好学多问，渴望学习。同时，迈克对自己也很满意，似乎有一种成就感。

伴随着一段长时间有默契的沉默，脚下的路把他们带得离嘈杂的高速公路和丑陋的水泥路很近。约翰不喜欢眼前的这条水泥路，特别是在走过那条种着漂亮的榆树林的路之后。

几分钟之后，他们脚下的路从高速公路处开始拐弯，离开了嘈杂的汽车声，进入了一个有着宽阔草地的小山丘。迈克一边看着天空一边说道，"这里是不是很壮观？"约翰也被头顶上布满星星的天空所吸引，这和他在城市里看到的星空很不一样，星星多了很多，微弱的月光使这些星星更加好看了。

约翰明白了迈克为什么还没有等他回答就选择了这条路，这看起来像是迈克预先设定的——在傍晚有太阳的时候走种有高大榆树林的路，在深夜开阔的星空下穿过这片巨大的草地返回。

约翰对迈克的看法在短时间内发生了巨大的改变,迈克有着说不完的故事、谚语、模式、构想。他先前对迈克的保留态度已经转化为尊重。

他们在沉默中走完了余下的路,两个人都在想着自己的心事。当他们能够看到学校的建筑时,约翰打破了沉默,"迈克,这个晚上我要怎样感谢你才行呢?"

迈克仍旧没有说话,一直走到了草地的边缘才停下,道路在他们的脚下分开,"约翰,如果你遇到一个好的机会……",迈克的话还没有说完,约翰就叫道"把握住!……这是尤吉·贝拉(Yogi Berra)[1]说的!"他们两人相视大笑并互相击掌。

笑声停止后,迈克说:"好了!现在我知道为什么我们会有说不完的话了。"

他们到达了宿舍楼的前院。即便现在已经很晚了,通过大窗户还是可以看到高管们成撮地聚在一起愉快地交谈。

---

[1] 译者注:尤吉·贝拉,美国洋基棒球队的传奇球星,后又担任棒球队教练、球队经理,1972年入选棒球名人堂。

草地上的漫步和新鲜的空气让迈克和约翰都焕发了活力，约翰感到，他应该利用这种突然迸发的能量来问一个可能被迈克遗漏掉的问题。在午餐结束的时候，迈克曾要约翰回去查一下"discipline"这个词的词根。因此，他礼貌地提起了这个话题。

"迈克，你说过你用'discipline'这个词至少可以表达四种含义，到目前为止，我似乎已经懂得了其中的三种含义——研究领域、精心选择和持之以恒。我通过研究发现，'discipline'这个词的古典含义来自古法语的'descipline'和'desciple'，而它们又来自拉丁语的'disciplina'（教导）和另外一个词'discipulus'（学生）。所有这些词的词根都是'discere'，也就是"学习"，所以，'discipline'这个词是指了解、探究，然后变得熟悉。在今天晚上的谈话中，你似乎暗指这个词的意思是学习，你能否阐明一下'discipline'这个词的特别含义？"

"约翰，问得好！你确实让我感到惊奇，我这可不是恭维你，或者要增加你的自信心。我相信一定有人也这样说过你。你学得很快，是一个非常好的学生。"当迈克说话时，约翰可以清楚地看到他眼神里带有的惊奇，即使夜晚的灯光很昏暗。

迈克快速地瞄了一下手表，已经 22 点 45 分了。他一边说话，一边慢慢地走向了宿舍楼花园入口处的石凳，约翰站在离他一步远的地方仔细地听着。

"约翰，你问到了一个核心问题，这个问题就是为什么当大部分企业都'死'了的时候，会有小部分企业存活下来。"

听到这个出乎意料的回答，约翰快步地走过去，并且在迈克准备坐下时站到了他的面前，他对自己说一定不能错过迈克的每一句话。"中国哲学家孔子说学习智慧有三种方法：第一种是通过反思，这是最高贵的；第二种是通过模仿，这是最容易的；第三种是通过体验，这是最艰苦的。第一种方法，很重要但是很慢。第二种方法，模仿，到目前为止是应用得最广泛的学习方法，是学校学习的基本理念。模仿的定义是基于已有的知识，例如读书、听专家演讲和学习案例使用的都是现有的知识。"

当迈克讲这些内容的时候，约翰有些迷惑了，这和企业的生存有什么关系。但他没有打断迈克。

"为了能够理解、实践和掌握我们的创新活动，我们必须全面掌握两个非常主要的概念——了解（knowledge）和学习（learning）之间错综复杂而又互相联系的关系。联系到创新活动，一个企业在向前发展时要么通过使用现有的知识来采取行动，要么采取行动来发现新的知识。换言之，前者是在行动之前分析，而后者是在分析之前行动。不幸的是，今天的大多数企业的主导逻辑仍然是依靠现有的知识去执行创新项目。然而创新是处理'不知道不知道'，而已有的知识要么在总体上不适用，要么对其进行简单的应用会导致错误的假设，进而导致对未来错误的预测。在这里企业必须通过'体验'来了解这点，一个人了解隐藏的根本性的未知变量的唯一方法就是行动，也就是应用创造性逻辑。"

"迈克，我知道这种区别，我们在之前讨论过这方面的内容。但这和企业的存亡有什么关系？"

"耐心一点，我的朋友，请耐心地听我说完。这些是我们脑袋里最难搞明白的一些概念。这样，如果你无法在一个晚上将它们搞明白，请不要担心。现在我会在你的脑海里种下一些种子，你回去再慢慢消化。"

"这就是问题所在，知识是创新的障碍，是我们累积的智慧。正如前面提到的那样，它是通过三种学习方法——模仿、体验和反思积累的。毫无疑问，知识对我们的运作和行动是极其有用的，比如过马路、操作机器和谋生。我们也通过知识来感受我们周围的每一件事，比如接受、拒绝、判断、评估和服从一种模式。正是已有的和积累的知识决定了我们，形成了我们的想法，并成为我们看世界的滤光镜。同时，知识也屏蔽了我们接受新的想法和机遇。因此，在许多方面，知识和文化类似，它在某些特定的情境下具有价值，而在另外一些情景下又毫无价值。"

"知识和'已知'的世界有关，而学习和'未知'的世界有关。有一些心理学测试显示，已有的知识会阻碍发现和创造，也就是说，已有的知识会将我们降低到模仿和比较的层次。归根结底，模仿就是做对其他人已经产生效果的事,并且希望自己在做的时候也能够产生同样的效果。因此,知识让我们离自由越来越远了。让我们回到'discipline'这个词的拉丁语词根——学习上。学习的行为就是修炼的行为,如果我们对学习有着强烈的愿望和不懈的追求,那么就不能固守已有的知识。如果固守已有的知识的话,我们就不能学习。真正的求知者不会墨守成规。"

"这是关键点,对大多数人来说要服从纪律,否则就会受到惩罚。但求知者的心态是不受纪律约束的。一个有着探索精神的求知者是不会模仿、跟随和服从的。这样,修炼使你自由,修炼就是自由。哪里有一致性哪里就有比较,整个质量管理领域和六西格玛就是对一个事先决定的或者'已知'的标准进行比较和遵守。同时,自由意味着没有比较、没有竞争地生活。当你明白这个道理的时候,你就认识到什么是创新了,因为创新就是没有比较!"

"在前面我们已经讨论过这些问题。不对已有的知识进行否定和破坏,突破性创新和突破性变革是不可能发生的。学习就是修炼。但对于持续学习来说,我们必须接受这样一个事实:我们总是不知道自己不知道,也就是"不知道不知道"。只有新的认识才能带来创新，这种认识是你的独特体验，而这种独特体验是由你的行动产生的，是没办法通过其他人的体验或已有的知识来获得的，即使模仿其他人也无法获得。"

附近走廊里透出来的灯光足够亮，迈克从他的裤兜里拿出了一张餐巾纸。当他开始写的时候，约翰站在一旁笑着说道："迈克，你是不是一直都带着这些餐巾纸？"

"是的，你永远搞不清楚什么时候会遇到一个潜在的学生或者一个真正想要学习的人。"迈克笑着说，然后两个人都笑了起来。

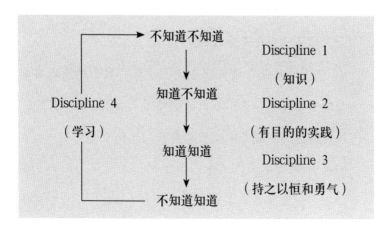

约翰看上去有些困惑，他先前认为"不知道（自己）知道"是企业的理想状态，但新的箭头又将企业指向了"不知道（自己）不知道：的状态，这让他有些困惑。他迟疑了一下，又问迈克："你能不能再具体地讲一下，我好像还没有完全理解你的意思。"

"当我们开始学习一种新的语言的时候，会听取老师说的任何话，会彻底地集中于气氛、情感和动作，会聚精会神、极其敏感。在本质上，大脑不会排斥任何东西，它处于完全平静和自由判断的状态。这就是学习发生时的状态。这和你观察或倾听现有的或者潜在的客户没有什么差别。在这种状态下，高度理解和共鸣发生了。这就是学习。这种聚精会神会产生全新的认识，而全新的认识会进而导致创新。"

"不幸的是，这种状态很少出现。我们所有人都会屈服于已有的知识，我们的脑袋里充满了信念、结论、评价和分类。我们很少听到真相，我们中的大部分人在听的时候都是三心二意，并没有真正在听。而要真正地听，大脑就必须高度平静，那才是学习。学习就是修炼，只有在谦卑和热情的状态下才能真正学习。谦卑就是承认我不知道自己不知道，也就是'不知道不知道'；而热情就是去发现新的事物，探究并好奇地解决问题。这样，总结起来，创新只有在我们保持谦卑时才会产生，这对个人来说也同样如此。对我们来说，为了变革就必须抛弃我们所知道的一切。我们都非常清楚不变革的后果，那就是企业最终会死掉。这就是为什么创新是一段旅行而不是终点，这种循环永远不会结束。"

"迈克，你的意思是说创新就是纯粹的学习，只有持续地学习企业才能够生存下来。因此，创新就是持续地学习。"

> **创新＝**
> **持续地学习**

"约翰，你说到点子上了。生存就是企业对它们所处环境变化的学习速度，是的，创新就是持续地学习。"

和之前一样，约翰又拿着餐巾纸沉思起来。迈克可以听到约翰说话时轻微的喘息声:"迈克!那意味着我们作为一个企业将不得不首先学习如何学习,噢!请不要告诉我,我正在打开另外一个潘多拉的盒子。"

"你是约翰,只要你认识到你需要学习什么,这本身就是巨大的进步。"

这大大超出了约翰先前的期待,他没有想到创新等同于学习,而学习又等同于企业的生存。他站着,默不作声,前后晃动着他手中的笔记。他从来没想到这一天会是这样度过的。他看了看手表,已经接近午夜。他很愧疚,因为他占用了迈克这么多的时间。

"迈克,明天一大早我就要离开,几天的喘息就这样结束了。我向你保证我会不断地思考你所说的有关创新文化的理论。"

"它不仅仅是一个理论,约翰!"迈克一边说一边伸出食指来强化他的观点,并继续说道:"下周一,约翰,当你回到你的办公室的时候,请记住道路中的岔口,记住

《爱丽丝梦游仙境》里的对话,记住当你开启一段你想要的旅行的时候可以从任何一条路出发。通向天堂的路有很多,在这一段旅行中,你要有创业者的价值观,要鼓励创新行为,要提供资源利用我们所说过的沙箱的方法建立将创意转化为机会的流程。约翰,前进吧,并营造一种安全的氛围,激发员工的创造性,不要担心成功,它一定会跟随而来。最重要的是,记住这是一段旅行而不是终点,要确保每一个人都能够享受这一段旅行。"

"迈克,我一定会再好好地想一想这些概念的。我想我现在需要为我的管理团队准备一次演讲。迈克,这个夜晚非常感谢你,你不知道我是多么感谢你的时间、你对我这个焦虑的学生的耐心,还有你的陪伴。"

"噢,不,不!朋友之间无须言谢。"

"好吧,迈克!"

"约翰,要热情、守纪律和谦卑。这样,你就可以掌握任何一项技能。祝你好运,我的朋友,晚安!"

"晚安,迈克!"

迈克将最后一张餐巾纸送给了约翰。当迈克转身走出去的时候，约翰打开了这张餐巾纸，上面写着：

> 创新
> 揭示"不知道"
> 重新定义"知道"
> 革新"陈旧"